Títulos relacionados

RECOPILACIÓN Y TRATAMIENTO DE LA INFORMACIÓN CON PROCESADORES DE TEXTO UF0327

JAVIER LÓPEZ VILLAMEÁ

ISBN: 978-84-283-3710-6

ELABORACIÓN Y EDICIÓN DE PRESENTACIONES CON APLICACIONES INFORMÁTICAS UF0329

SERGIO ALCÓN MARCOS

ISBN: 978-84-283-9817-6

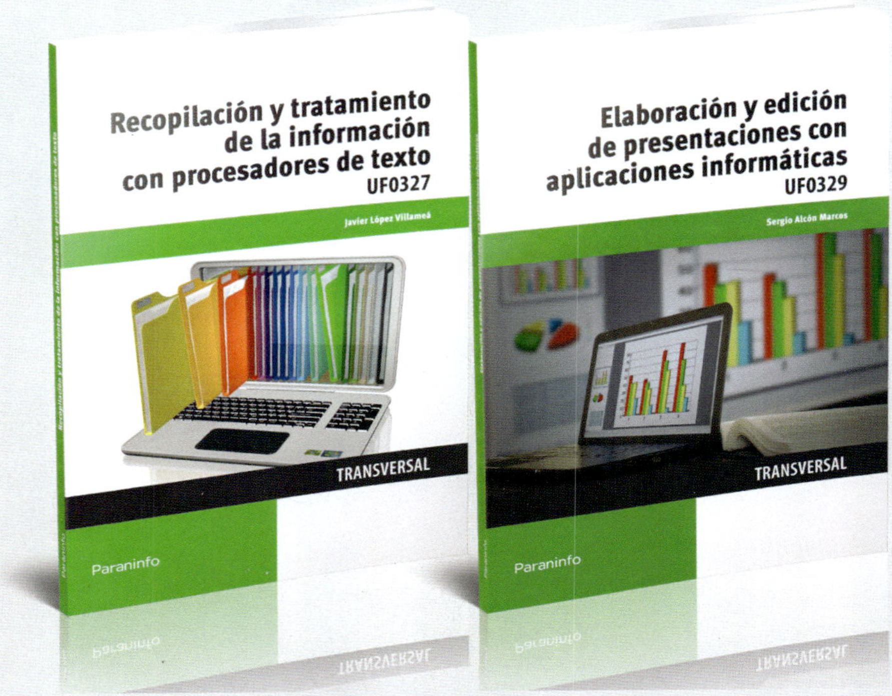

Solicítalos en

- Librería
- www.paraninfo.es
- Solicitudes nacionales 902 995 240
- Solicitudes fuera de España +34 913 308 907
  +34 913 308 919

Organización y operaciones con hojas de cálculo y técnicas de representación gráfica de documentos

Sergio Alcón Marcos

Maquetación: Ediciones Nobel

Impresión: Ediciones Digitales
ISBN: 978-84-283-9858-9
Depósito legal: M-13115-2015

Impreso en España

Autor

Sergio Alcón Marcos ha trabajado como técnico superior de economía en el Servicio de Formación e Información de la Consejería de Salud y Servicios Sanitarios del Principado de Asturias y como docente en la Universidad de Oviedo y en varios centros en el ámbito de la formación profesional específica, en las áreas de Formación y Orientación Laboral y Administración y Dirección de Empresas. Tiene el DEA en Economía Aplicada, y su trabajo de suficiencia investigadora, «Medición de la integración económica de España en un marco contable», fue becado y forma parte de la base de datos de publicaciones de la página web del Consejo Económico y Social del Principado de Asturias. Como coautor ha participado en el artículo «¿Tenemos capacidad formativa para reponer los facultativos especialistas en Asturias?» (*Revista de Administración Sanitaria,* vol. 6).

Como docente se preocupa por el aprendizaje de sus alumnos y procura que estos vean la aplicación de los conocimientos a la práctica, metodología que trata de trasmitir en todos sus proyectos y que le llevó a tutorizar al grupo ganador del XIV Concurso de Iniciativas Emprendedoras organizado por Valnalón, en el curso 2011-12.

Índice

Introducción normativa

La Ley Orgánica 5/2002, de 19 de junio, de las Cualificaciones y de la Formación Profesional fue el primer texto legislativo que reguló de forma exclusiva las enseñanzas profesionales en España. Una de sus novedades consistió en relacionar directamente la formación con el empleo, permitiendo las convalidaciones y equivalencias entre la Formación Profesional del sistema educativo, la Formación Profesional para el empleo y la experiencia laboral. Para poder desarrollar estas medidas se creó el Sistema Nacional de Cualificaciones Profesionales y dos instrumentos básicos: el Catálogo Nacional de Cualificaciones Profesionales y el Catálogo Modular de Formación Profesional.

Las Cualificaciones Profesionales responden a la iniciativa que impulsa el Marco Europeo de las Cualificaciones (EQF), para facilitar un espacio abierto de aprendizaje y de empleo, así como la adecuación entre oferta y demanda no solo a nivel estatal, sino entre los distintos países.

El Catálogo Nacional de Cualificaciones Profesionales ordena las cualificaciones profesionales, incluyendo el contenido de la formación profesional asociada a cada cualificación, de acuerdo con una estructura de módulos formativos articulados en un Catálogo Modular de Formación Profesional. Entre sus principales objetivos tiene el posibilitar la integración de las ofertas de formación profesional, adecuándolas a las características y demandas del sistema productivo.

Para conseguirlo, este Catálogo, además de identificar y definir las cualificaciones profesionales que requiere el sistema productivo, establece los contenidos formativos básicos que resultan necesarios para que las ofertas formativas garanticen la adquisición de las competencias profesionales apropiadas para el desempeño profesional.

Las Cualificaciones Profesionales se acreditan mediante "Títulos" de Formación Profesional del sistema educativo, y Certificados de Profesionalidad de Formación para el Empleo. Ambas acreditaciones tienen carácter oficial y son válidas en todo el Estado.

Los contenidos asociados a las cualificaciones profesionales constituyen el Catálogo Modular de Formación Profesional, que se estructura en módulos formativos.

Mediante la superación de los módulos formativos, diseñados en itinerarios específicos para cada Cualificación Profesional, se puede obtener el Certificado de Profesionalidad correspondiente. Además, se posibilita la convalidación de determinados módulos profesionales incluidos en los títulos de Formación Profesional del sistema educativo, asociados a Unidades de Competencia comunes.

El Certificado de Profesionalidad es, por tanto, el instrumento de acreditación, en el ámbito de la Administración laboral, de las cualificaciones profesionales incluidas en el Catálogo Nacional de Cualificaciones Profesionales, adquiridas a través de procesos formativos o mediante procedimientos de reconocimiento de competencias profesionales adquiridas por experiencia laboral o vías no formales de formación, regulados por el Real Decreto 1224/2009, de 17 de julio.

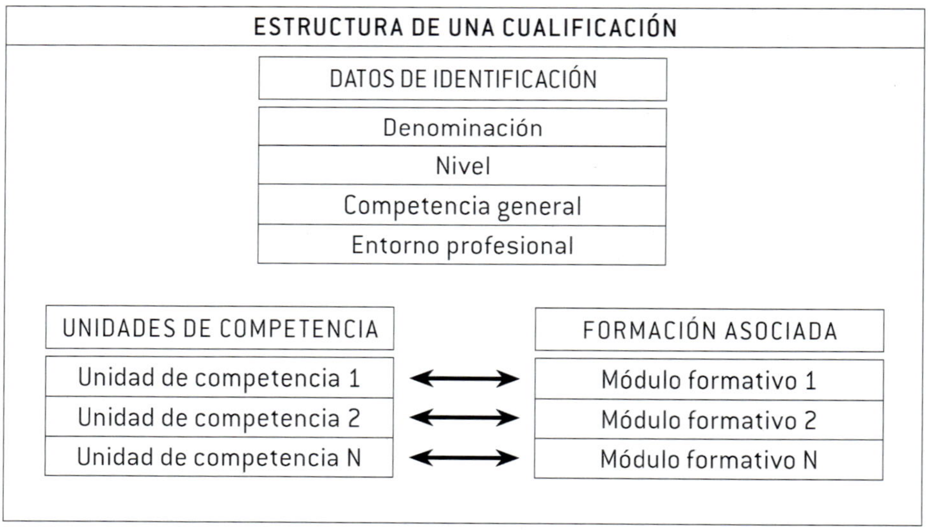

Las cualificaciones profesionales se estructuran en unidades de competencia, que se definen como agrupaciones de tareas productivas específicas que debe realizar el profesional. Las diferentes unidades de competencia de un certificado de profesionalidad conforman la Competencia General, definiendo el conjunto de conocimientos y capacidades que permiten el ejercicio de una actividad profesional determinada.

Cada unidad de competencia lleva asociado un módulo formativo, donde se describe la formación necesaria para adquirir esa unidad de competencia, pudiendo dividirse en unidades formativas.

El módulo formativo es el bloque coherente de formación asociado a cada una de las unidades de competencia que configuran la cualificación. Cada módulo formativo tiene un formato normalizado que incluye los datos de identificación y las especificaciones de la formación que se incluyen en las ofertas formativas conducentes a la obtención de los certificados de profesionalidad.

DATOS DE IDENTIFICACIÓN:

— Denominación.
— Nivel de cualificación al que se vincula.
— Unidad de competencia a la que está asociado.
— Código alfanumérico y duración en horas.

ESPECIFICACIONES DE LA FORMACIÓN:

— Capacidades: expresión de los resultados esperados de las personas en situación de aprendizaje al finalizar el Módulo Formativo.

— Criterios de evaluación: conjunto de precisiones para cada capacidad que indican el grado de concreción aceptable de la misma. Delimitan el alcance y nivel de la capacidad y el contexto en el que va a ser evaluada.

— Contenidos formativos necesarios para adquirir las competencias a las que se asocia. Requisitos básicos del contexto formativo: espacios e instalaciones y perfil profesional del formador. Estos requisitos tienen carácter orientador para la normativa básica reguladora de las ofertas formativas.

El presente libro desarrolla la Unidad Formativa denominada "Organización y operaciones con hojas de cálculo y técnicas de representación gráfica de documentos", UF0328.

Dicha unidad formativa es transversal y está asociada a la Unidad de Competencia UC0986_3 Elaborar documentación y presentaciones profesionales en distintos formatos, que forma parte del Módulo Formativo MF0986_3 Elaboración, tratamiento y presentación de documentos de trabajo, que pertenece a las Cualificaciones Profesionales de referencia ADG309_3 y ADG310_3, de nivel 3, que se incluyen, respectivamente, en los Certificados de Profesionalidad denominados ADGG0108 Asistencia a la dirección y en el ADGG0308 Asistencia documental y de gestión en despachos y oficinas, ambos de la familia profesional de Administración y gestión.

Según el Real Decreto 1210/2009 de 17 de julio modificado por el RD 645/2011, de 9 de mayo, los contenidos que en esta obra se recogen se corresponden con una formación de 40 horas de duración.

Tanto la estructura como el desarrollo del libro se ajustan al citado Real Decreto y más concretamente a los contenidos de la Unidad Formativa 0328 que le da título "Organización y operaciones con hojas de cálculo y técnicas de representación gráfica de documentos".

Contenidos

1. **Organización y operaciones con hojas de cálculo.**
   - Libro de trabajo y hoja de cálculo.
     - — Trabajo con varias hojas en un mismo libro. Incorporación de nueva hoja, desplazamiento de hojas, borrado y cambio de nombre.
   - Tipos de datos: rótulos, valores, fórmulas, fechas y horas.
   - Diseño de hojas de cálculo:
     - — Formato personalizado de datos.
     - — Establecimiento de rangos.
   - Fórmulas y funciones:
     - — Funciones matemáticas predeterminadas.
     - — Introducción de funciones predefinidas complejas.
     - — Empleo de funciones lógicas.
     - — Referencias absolutas y relativas.
     - — Conversión entre tipos de referencia.
   - Edición de hojas de cálculo:
     - — Introducción de datos.
     - — Operadores aritméticos y lógicos.
     - — Utilización anidada de fórmulas y funciones —fecha y hora, matemáticas, estadísticas, de búsqueda, de texto, lógicas y financieras-.
     - — Operaciones con hojas de cálculo diferentes. Inmovilización de paneles.
     - — Protección de hojas y celdas.
   - Instalación personalizada de una hoja de cálculo.
   - Gestión de archivos: Grabación de hojas de cálculo en distintos formatos -plantilla y Web incluidos-.
   - Impresión de hojas de cálculo:

— Configuración de la impresora.

— Control de impresión y procedimientos de impresión de hojas de trabajo, fórmulas, gráficos y archivos.

— Creación, utilización y asignación de tareas automatizadas.

2. **Técnicas de representación gráfica en documentos.**

- Representaciones gráficas.
- Elaboración —legibilidad, representatividad, vistosidad.
- Gráficos:

— Elementos presentes en los gráficos —rangos o series del gráfico, título, leyenda, ejes, líneas de división, escalas, rótulos, fuentes, representación-.

— Reglas para la elaboración de gráficos.

— Configuración y modificación de los elementos.

— Tipos de gráficos: de líneas, de áreas, de barras, de columnas o histogramas, polígonos, ojivas, de anillos, de radar, de superficie, de dispersión, burbujas, representación de grafos, sectores o ciclograma, de movimiento, pictogramas o de elementos, de Gantt, plannings, diagrama de flujo o de Pert, u otros a partir de datos convenientemente tabulados.

— Creación paso a paso de un gráfico. Selección del tipo de gráfico. Selección de los rangos de datos. Cómo agregar una nueva serie de datos al gráfico. Opciones del gráfico. Ubicación del gráfico.

— Modificación del gráfico. Tipo de gráfico. Datos de origen. Opciones de gráfico. Ubicación. Agregar datos. Agregar línea de tendencia. Vista en 3D.

— Borrado de un gráfico.

— Integración de gráficos en documentos.

- Elaboración de organigramas, diagramas y mapas:

— Organigramas. Estructura y barra de herramientas Organigrama. Reglas de elaboración. Trabajar en el organigrama. Tamaño, posición y fondo del organigrama. Tipos de organigramas. Estilos de organigramas.

— Diagramas: barra de herramientas Diagrama, tipos de diagramas, edición de los diagramas, y del cuadro de diálogo, estilos de diagramas.

- Tablas:
  - — Creación de una dispositiva de tabla. Su diseño.
  - — Filas y columnas: celdas.
  - — Barra de herramientas Tablas y bordes.
  - — Introducción de datos en la tabla, movimiento y selección.
  - — Edición de la tabla. Cambio de estructura, alto y ancho de filas y columnas, líneas, relleno, texto.
  - — Tamaño y posición de la tabla.
  - — Inserción de una tabla.
- Procedimientos de integración de representaciones gráficas en documentos.
- Impresión de gráficos:
  - — Configuración de la impresora.
  - — Control de impresión y procedimientos de impresión de gráficos y archivos.
- Inter-operaciones entre aplicaciones.

1. Organización y operaciones con hojas de cálculo

En la actualidad vivimos en la Sociedad de la Información, por lo que cobran vital importancia los datos, numéricos o alfanuméricos. Las hojas de cálculo nos permiten almacenar, ordenar y realizar diversas operaciones con los datos. Por eso vamos a ver en esta primera parte del libro las posibilidades que nos ofrece una hoja de cálculo para el tratamiento de los datos.

Contenido

1.1. Libro de trabajo y hoja de cálculo. Trabajo con varias hojas en un mismo libro. Incorporación de nueva hoja, desplazamiento de hojas, borrado y cambio de nombre

Existen diversas hojas de cálculo, como por ejemplo *Calc* (en la suite *OpenOffice.org*), *Calc* (en *LibreOffice*), *Gnumeric* (en *Gnome Office*), *Hoja de cálculo* (en *Google Apps*), *KSpread* (en *KOffice*), *Lotus* (en *Lotus SmartSuite*), *Numbers* (en *iWork de Apple*), *StarOffice Calc* (en *StarOffice*), *PlayMaker* (en *SoftMaker Office*) o *Corel Quattro Pro* (en *WordPerfect*), si bien en el presente libro nos decantaremos por *Microsoft Excel*®, integrada en *Microsoft Office*, ya que es una de las aplicaciones más utilizadas. En concreto utilizaremos Microsoft Excel® 2010.

Cabe recordar que el uso de casi todas las hojas de cálculo es similar, si bien puede existir alguna diferencia en la presentación de los menús, es decir, en la interfaz del programa.

Para empezar hay que tener claros unos conceptos básicos, como son: *Libro*, que es el documento que se realiza con la aplicación, *Hoja*, que es cada una de las distintas páginas que se pueden crear dentro de un libro, y *Celda*, que es cada una de las casillas que encontramos en cada hoja, casillas en las que podemos introducir los datos o fórmulas para realizar cálculos con los datos. Dentro de cada hoja, las celdas se organizan horizontalmente en *filas*, que se denominan mediante números, y verticalmente en *columnas*, denominándose estas por letras; debido a la denominación de filas y columnas, cada celda tiene su nombre, en el cual se indica primero la letra de la columna y después el

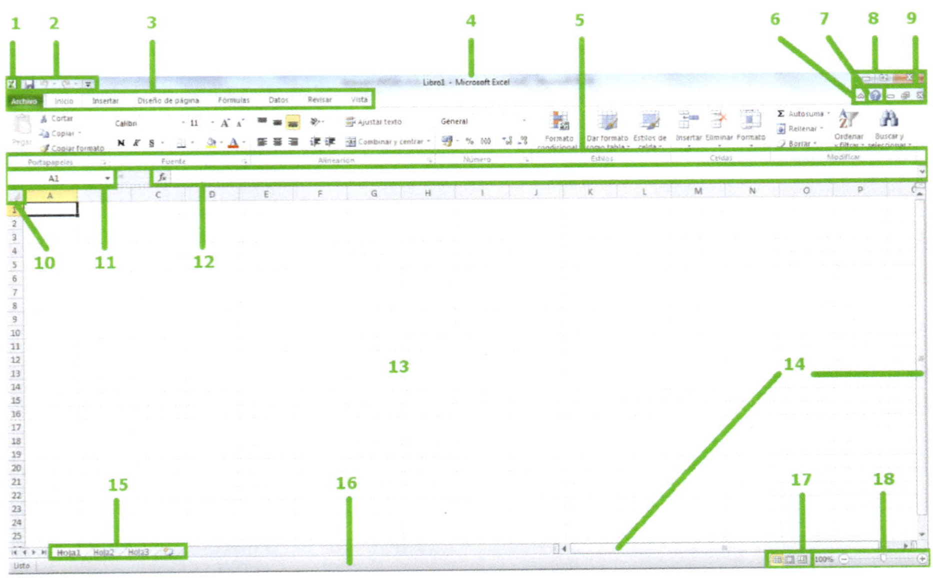

número de fila, determinando así el lugar que ocupa la celda en la hoja. Por último, un concepto interesante es el de *Rango de celdas*, que es un rectángulo formado por un conjunto de celdas, cuyo nombre se representa por los nombres de la celda de su vértice superior izquierdo y de la celda de su vértice inferior derecho, separados por dos puntos.

En la interfaz de Microsoft Excel® 2010 (ver limagen) nos encontramos con:

Menú de control (1) y (8). Permite cerrar, minimizar, maximizar o restaurar y cambiar el tamaño de la ventana.

Menú ventana (9). Permite minimizar, cerrar, restaurar y maximizar una ventana o libro abierto, permitiendo la navegación entre varios libros.

Barra de herramientas de acceso rápido (2). Por defecto aparecen las opciones de *Guardar*, *Deshacer* y *Rehacer*, aunque con la flecha de la derecha se pueden modificar y/o aumentar.

Barra de títulos (4). Indica el nombre del archivo que está en uso así como el del programa.

Minimizar la Cinta de opciones (6). Botón que sirve para ocultar o mostrar la *Cinta de opciones*.

Ayuda (7). Este botón activa la ayuda de Microsoft Excel® 2010.

La Cinta de opciones está formada por herramientas, que se agrupan en *grupos* (5) y estos en *fichas* (3), para facilitar su acceso.

Cuadro de nombres (11). Sirve para visualizar el nombre de la celda o rango de celdas seleccionado.

Barra de fórmulas (12). Tiene una doble funcionalidad: mostrar el contenido de la celda seleccionada, posibilitando su edición.

Seleccionar todo (10). Botón que sirve para seleccionar todas las celdas de una hoja.

Área de trabajo (13). Es el espacio destinado al trabajo del usuario en las diapositivas.

Barras de desplazamiento (14). Tanto en la vertical como en la horizontal disponemos de herramientas que permiten movernos dentro del área de trabajo.

Nombre de las hojas, Etiquetas (15). Este panel nos muestra el nombre de las distintas hojas. Pinchando en una, la seleccionaremos y será la hoja que se muestre en el Área de trabajo. En el caso de que nuestro libro esté compuesto por multitud de hojas, los botones con flechas nos permitirán desplazarnos a través de las hojas, bien de una en una o bien a la primera o a la última. En esta zona también está disponible el botón de *Insertar hoja de cálculo*, que nos servirá para añadir una nueva hoja al final del libro.

Barra de estado (16). En su lado derecho aparecen el *Modo de visualización* (17), que sirve para cambiar entre las distintas vistas, y el control de *zoom* (18). Haciendo clic con el botón secundario del ratón en la barra de herramientas, obtenemos el menú contextual para configurarla.

Teniendo claros estos conceptos, podemos iniciarnos ya en *Microsoft Excel*® 2010. Si iniciamos el programa, este abrirá un libro nuevo, en el que incluirá tres hojas, llamadas Hoja1, Hoja2 y Hoja3. Nos presenta así una opción muy interesante, el poder introducir datos en tres páginas distintas, con la posibilidad de interrelacionar los datos y las páginas. Por ejemplo, esto nos permite realizar un libro en el que se recojan los datos de todo un año, correspondiendo cada hoja a un mes e, incluso, añadir una que incluya la suma de las doce; con este ejemplo vemos varias posibilidades que nos plantea una hoja de cálculo en el trabajo con varias hojas: podemos tener varias hojas con el mismo formato dentro de un libro o bien podemos realizar operaciones y fórmulas entre las distintas hojas.

Pero, ¿cómo incorporar una hoja? Esta tarea es muy fácil, simplemente tenemos que hacer clic en el botón *Insertar hoja de cálculo*, presente a la derecha de la última hoja, creándose así una hoja que aparecerá a la derecha del todo en la zona *Nombre de las hojas* (15), es decir, ocupando el último lugar. Otra opción para incorporar una nueva hoja es pulsar de forma simultánea las "teclas MAYUS y F11", de forma que la nueva hoja se situará a la izquierda de la hoja que tenemos seleccionada; esta misma acción la podemos realizar seleccionando la hoja a cuya izquierda queremos situar la nueva, de forma que, una vez seleccionada, pinchamos el botón secundario del ratón y seleccionamos *Insertar* con el botón principal; nos aparecerá una ventana emergente donde debemos seleccionar *Hoja de cálculo* y, a continuación, *Aceptar*, de forma que aparecerá la nueva hoja a la izquierda de la que habíamos seleccionado (ver Imagen siguiente).

Otra alternativa que tenemos para incorporar una hoja es copiar una existente. Para ello debemos seleccionar la hoja que deseamos copiar, hacemos clic con el botón secundario del ratón y seleccionar *Mover o copiar* con el botón principal; existe otra opción, que es acudir a la *Cinta de opciones*, al grupo de Celdas y seleccionar la flecha del icono Formato, donde encontraremos un menú en el que seleccionaremos "Mover o copiar hoja". Una vez seleccionado

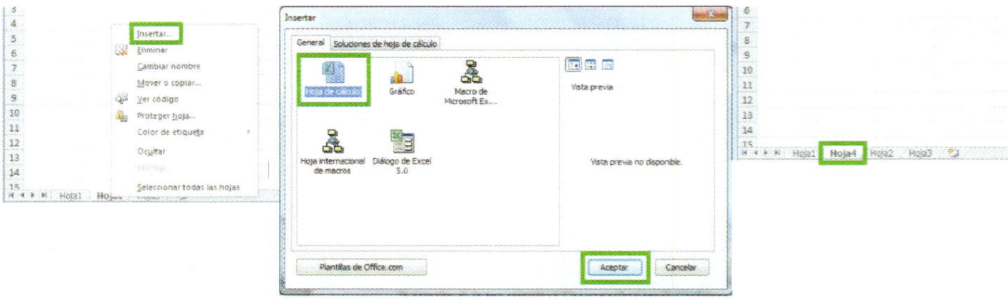

Mover o copiar, nos aparecerá una ventana emergente con un menú contextual muy interesante: lo primero que tenemos que seleccionar es en qué libro queremos copiar la hoja, por defecto aparece el libro donde se encuentra la hoja seleccionada, aunque puede que nos interese copiar la hoja en otro libro, incluso en un nuevo libro; a continuación debemos escoger antes de qué hoja, es decir a la izquierda de qué hoja deseamos situar la copia que estamos realizando; la última acción a realizar es verificar la casilla *Crear una copia* y, a continuación, *Aceptar* (ver Imagen). Si el libro de destino es el mismo que el que contiene la hoja que hemos copiado, la copia aparecerá con el mismo nombre pero seguida de un paréntesis y un número en su interior, indicando si es la segunda, tercera... vez que aparece la hoja en el libro.

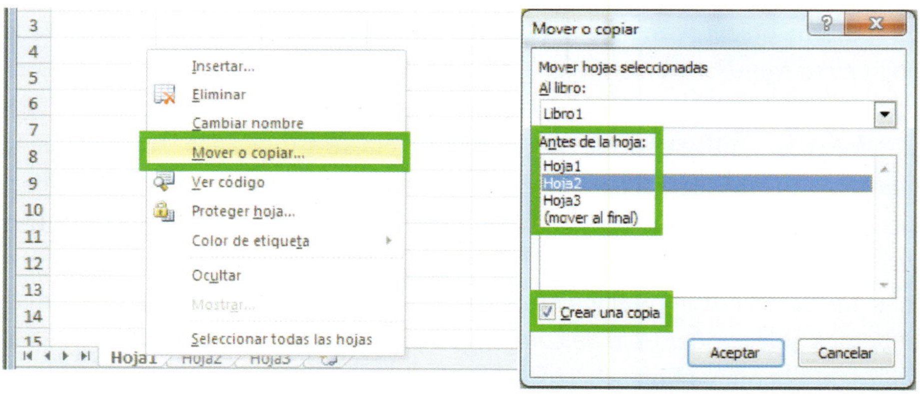

En el caso de que no verifiquemos la casilla *Crear una copia*, lo que hacemos es mover la hoja seleccionada; recordemos que la opción que elegimos al seleccionar la hoja fue *Mover o copiar*. Tanto para mover como para copiar podemos seleccionar más de una hoja; para ello simplemente tenemos que ir seleccionando, haciendo clic con el botón principal del ratón, cada hoja, mientras mantenemos pulsada la tecla CTRL.

Otra alternativa para mover o desplazar una hoja consiste simplemente en seleccionarla y hacer clic de forma continuada en el botón principal del ratón, para, a continuación moverlo a izquierda o derecha, de forma que veremos cómo la hoja se desplaza, hasta el momento en que soltemos el botón principal, situándose la hoja en la posición en que se encuentre en ese momento.

Para eliminar una hoja, la seleccionamos, y en el menú contextual que aparece al pulsar el botón secundario del ratón escogemos la opción *Eliminar*. Si la hoja está vacía, es decir, no contiene ningún dato, se eliminará; si, por el contrario, la hoja contiene datos, el programa nos mostrará un aviso, teniendo que confirmar la eliminación.

Para cambiar el nombre de una hoja podemos proceder de dos maneras. Partiendo de que hemos seleccionado la hoja que queremos cambiar de nombre, bien podemos ir al menú contextual que aparece con el botón secundario del ratón, o bien podemos hacer clic en su nombre actual con el botón principal del ratón dos veces seguidas. Con cualquiera de las dos opciones el resultado será que el nombre de la hoja aparece resaltado en negro, permitiendo la escritura, de forma que así podemos realizar la operación deseada.

Por último, señalar que, evidentemente, no sólo se seleccionan las hojas, sino también las celdas. Así, la celda que tenemos seleccionada aparecerá con los bordes más gruesos que el resto. Pero es posible que nos interese seleccionar varias celdas. Si están contiguas, debemos hacer clic con el botón principal del ratón en una celda que queramos sea uno de los vértices del rectángulo que formarán todas las celdas a seleccionar, para a continuación arrastrar el ratón, sin soltar el botón, hasta formar el rectángulo deseado; si no están contiguas, deberemos ir haciendo clic con el botón principal del ratón mientras mantenemos pulsada la tecla CTRL. Otra posibilidad es seleccionar una columna o una fila, para lo cual se debe hacer clic en el nombre, es decir, sobre la letra o número que la identifica. Para seleccionar varias columnas y/o varias filas procederemos de forma análoga a las celdas: si están contiguas arrastramos con el ratón y si no lo están, mantenemos pulsada la tecla CTRL. Para seleccionar toda la hoja hacemos clic en el botón *Seleccionar todo*, situado debajo del *Cuadro de nombres*, a la izquierda del título A de columna y encima del título 1 de fila.

1.2. Tipos de datos: rótulos, valores, fórmulas, fechas y horas

En las hojas de cálculo existen dos tipos de datos, Rótulos y Valores. Los *Rótulos* son datos que proporcionan una información descriptiva, que consisten en textos y que no tienen significado numérico. Los *Valores*, por el contrario, son datos que tienen significado numérico y que pueden ejecutarse de forma individual o dentro de *fórmulas* o *funciones*. Esta división de los tipos de datos en dos se debe, por ejemplo, a que la hoja de cálculo para realizar cálculos con fechas y horas en realidad efectúa cálculos con números que, después mostrará como fechas y horas. Dentro de los valores, o datos numéricos, distinguimos: *fechas*, *horas* y *números*.

De las *fechas* cabe destacar que las hojas de cálculo consideran las fechas como una serie de números, donde el número 1 se corresponde con el 1 de enero de 1900; las fechas anteriores son consideradas negativas, y representadas por una serie de almohadillas, "#". Las fechas se pueden introducir con "-" o bien "/".

En las *horas* sucede algo similar, son transformadas a números, en este caso decimales, relacionando las 24 horas de un día con los decimales de una unidad, de forma que 0,25 representa las 6 de la mañana, 0,5 las 12 de mediodía, 0,75 las seis de la tarde y 1 representa las 00:00. Las horas se han de introducir con el símbolo ":" separando las horas de los minutos y los segundos.

Acerca de los *números* podemos indicar que los números negativos se representan precedidos del signo "-", situándolos entre paréntesis, "( )", en color rojo, o bien combinando un signo y el color rojo. El carácter "E", situado entre dos números, representa notación científica, es decir, que el número de su izquierda se multiplica por diez elevado al número de su derecha, o dicho de otra manera, el número de la derecha indica cuántos ceros debemos añadir al de la izquierda. Por norma general, el punto es el separador de miles y la coma el de decimales, si así está configurado nuestro sistema operativo, si bien se puede cambiar en el Menú *Archivo*, *Opciones*, *Avanzadas*, *Opciones de edición*. Si deseamos introducir una fracción, *a/b*, tenemos que precederla de "0 ", ya que si no ponemos la cifra y el espacio el programa entenderá que se trata de una fecha.

Una *fórmula* es una operación matemática, como una suma o una multiplicación, mientras que una *función* es una fórmula predefinida por la hoja de cálculo que opera sobre uno o más valores, argumentos, en un orden determinado, estructura, mostrando el resultado en la celda donde se introdujo.

La hoja de cálculo interpreta los datos que introducimos, reconociéndolos como rótulos o como valores, incluso diferencia entre los distintos tipos de valores. Por norma general, cuando el dato introducido comienza con letras del alfabeto, la hoja de cálculo asume que se trata de un rótulo, mientras que si empieza por cifras o números, asume que son valores. El problema más común es que queramos poner un número como rótulo; para ello, antes de introducir el número tendremos que añadir un apóstrofe, " ' ", de forma que la hoja de cálculo interprete que se trata de un texto y no de un número. En cuanto al tratamiento de formato que asigna la hoja de cálculo, podemos indicar que los textos son alineados a la izquierda mientras que los números se alinean a la derecha de la celda.

1.3. Diseño de hojas de cálculo

El diseño de la hoja de cálculo resulta, en muchas ocasiones, de vital importancia, ya que nos ayudará a la interpretación de los datos, así como de los resultados de los distintos tratamientos que se les haya aplicado a los mismos. Podemos diferenciar entre el formato de la hoja y el formato de los datos.

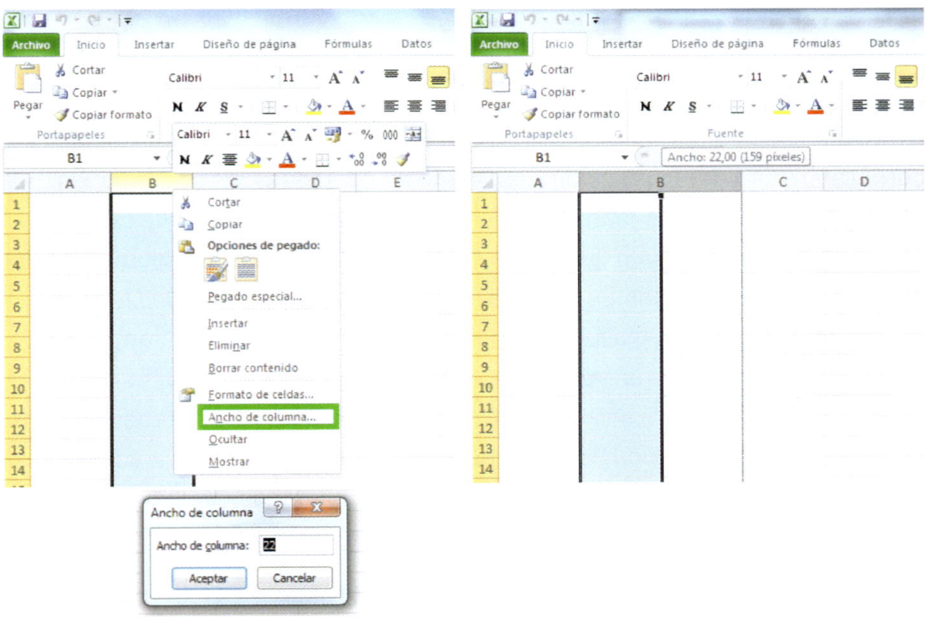

Formato de la hoja de cálculo

La primera configuración que podemos realizar es la de ajustar el tamaño de las columnas o filas, modificando así el tamaño de la celda. Para cambiar el tamaño de una fila o columna, es decir, modificar el alto de la fila o el ancho de la columna, podemos proceder de dos maneras. La primera opción que tenemos es situarnos en la casilla que contiene el número o la letra identificativa de la fila o columna y pulsar el botón secundario del ratón, para a continuación elegir la opción "Alto de fila" o "Ancho de columna", de forma que obtenemos un cuadro que nos indica el tamaño actual y que podremos modificar numéricamente. La segunda opción consiste en situarnos en el extremo inferior de la casilla que contiene el número de la fila, o en el extremo derecho de la casilla que contiene la letra de columna, y, mientras mantenemos pulsado el botón principal del ratón, arrastrar dicho extremo, de forma que podremos modificar el alto o ancho de forma visual. En la anterior figura se muestran ambas opciones para el caso de una columna.

Si deseamos modificar el tamaño de varias filas o columnas tenemos que realizar la misma tarea, si bien lo primero será seleccionar las filas o columnas que deseamos modificar. Para ello iremos haciendo clic con el botón principal del ratón, en cada fila o columna, mientras mantenemos pulsada la tecla CTRL. Si nos decantamos por modificar el tamaño con la opción del *arrastre*, tendremos que situarnos al extremo de una fila o columna cualquiera, viendo visualmente como cambia de tamaño esa fila o columna, si bien, cuando acabemos se modificarán todas al tamaño previsualizado de la fila o columna elegida.

Otra posibilidad que tenemos a la hora de configurar nuestra hoja es la deincorporar o quitar filas y/o columnas. Como en casi todas las operaciones, podemos proceder de dos maneras. La primera es seleccionar la fila o columna, o las filas o columnas, que queremos eliminar y pulsar el botón secundario del ratón, donde seleccionamos "Eliminar". Otra opción es acudir a la *Cinta de opciones*, al grupo *Celdas* y allí seleccionar el de *Eliminar*, donde encontraremos, si pinchamos en la flecha, varias opciones a elegir, o bien, si pinchamos en el icono, eliminará nuestra selección de filas o columnas. Hay que tener en cuenta que cuando eliminamos filas, las que se encuentran por debajo son desplazadas hacia arriba, mientras que si eliminamos columnas se desplazarán las de la derecha hacia la izquierda. En la siguiente imagen se pueden ver las dos opciones de eliminar una columna.

Para insertar filas o columnas procedemos de forma análoga, si bien ahora eligiremos la opción "Insertar" del menú contextual o seleccionaremos el icono "Insertar" del grupo Celdas de la *Cinta de opciones*. Eso sí, aunque procedemos de forma análoga hay que tener en cuenta que las filas que insertemos se situarán encima de la fila seleccionada y que las columnas se situarán a la izquierda de la seleccionada. Otro punto a tener en cuenta es que la fila que insertamos será del tamaño de la fila que está justo encima de la seleccionada, y, en el caso de las columnas, la nueva será del tamaño de la situada a la izquierda de la seleccionada.

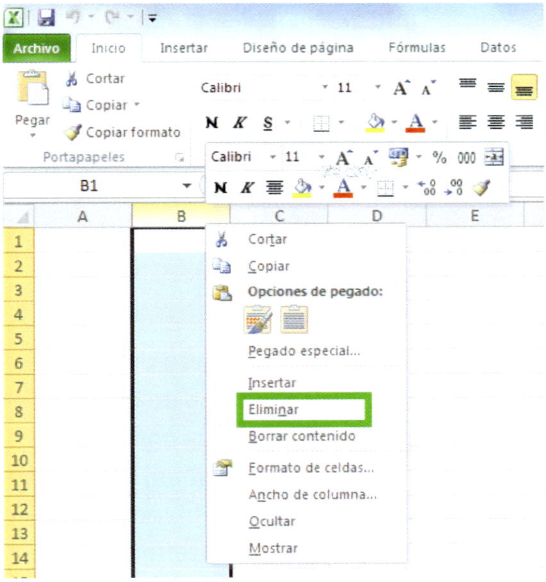

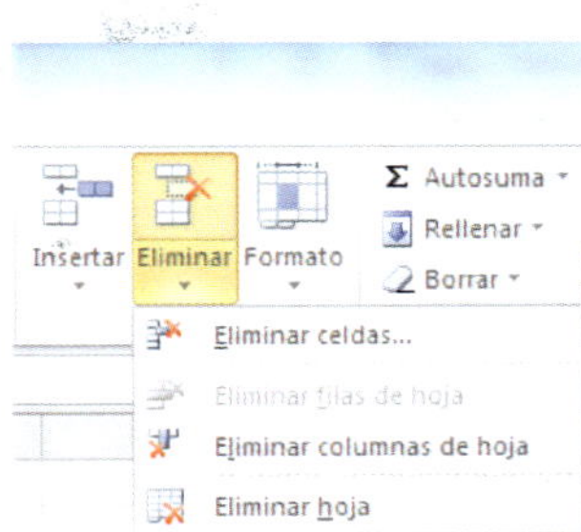

Otra posible configuración son los bordes, si bien es más usual hacerlo con los rangos, es decir, con conjuntos de celdas. Una vez seleccionada la fila o columna, podemos seleccionar el tipo de borde en la *Cinta de opciones*, grupo *Fuente*, desplegando el menú del botón *Bordes*, o bien con la opción *Formato de celdas* del menú que obtenemos con el botón secundario del ratón, con la que obtendremos una ventana en la que tendremos que seleccionar la pestaña *Bordes*. Podemos verlo en la siguiente imagen.

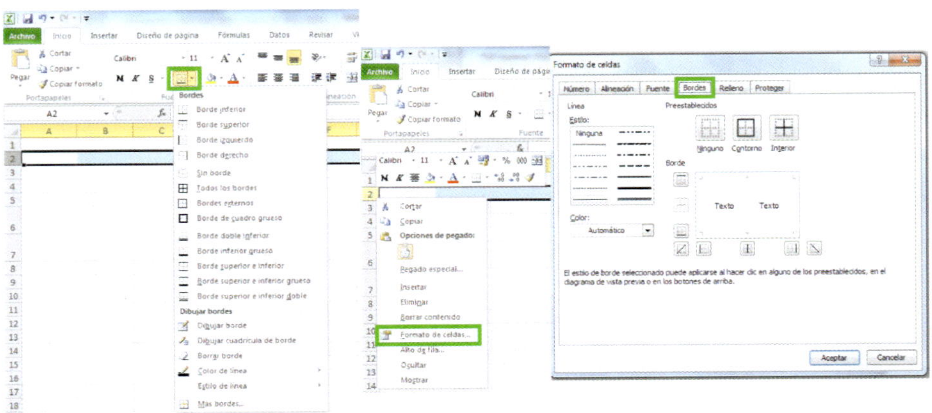

Otra acción interesante que podemos realizar con las hojas es añadir color a la etiqueta de la misma. Para ello basta con seleccionar la hoja, o etiqueta deseada, y hacer clic en el botón secundario del ratón, seleccionando la opción *Color de etiqueta*, y eligiendo el color deseado en el menú contextual que nos aparece. Esta opción también está en la *Cinta de opciones*, grupo *Celdas*, comando *Formato*.

Para el formato de la hoja también podemos acudir a la *Cinta de opciones*, ficha de *Diseño de página*:

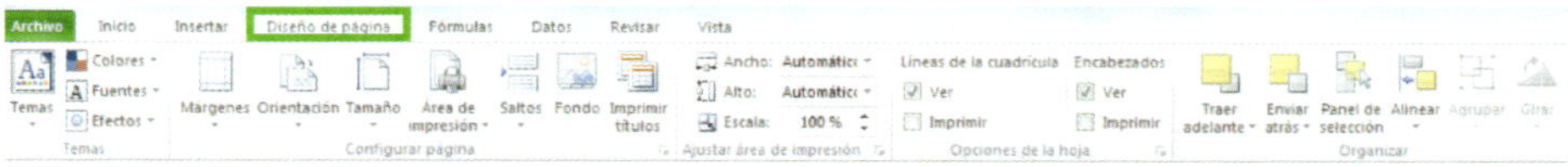

En esta ficha nos encontramos con las configuraciones tanto de visualización en pantalla como de impresión. Esta última la veremos en el apartado 1.8. Impresión de hojas de cálculo, sobre todo con los grupos *Configurar página* y *Ajustar área de impresión*. Trataremos ahora el grupo *Temas*, a través del cual podemos cambiar el formato que hayamos dado a nuestra hoja, a través de combinaciones de colores, tipos de letra y efectos predeterminados, que reciben el nombre de tema, aunque también los podemos aplicar de forma individualizada.

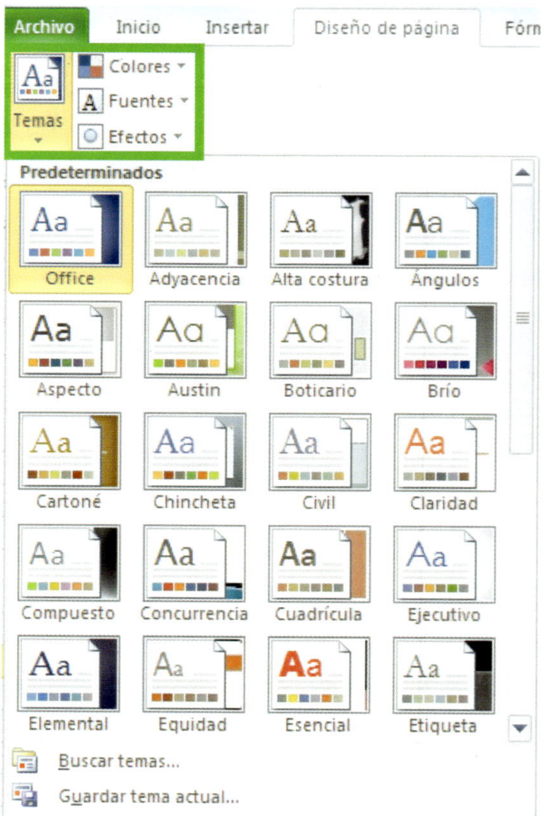

Además, también podemos elegir ver o no tanto las líneas de cuadrícula como los encabezados, que son las reglas que contienen el nombre de columnas y filas. Por último, podemos organizar los distintos objetos, de forma que los pongamos adelante o atrás, los alineemos, agrupemos o giremos, todo disponible en el grupo *Organizar*.

1.3.1. Formato personalizado de datos

Las hojas de cálculo nos presentan una variedad de opciones bastante amplia a la hora de personalizar el formato de los datos que introducimos.

Para acceder al menú ***FORMATO DE CELDAS*** podemos hacer clic en la esquina inferior derecha de los grupos *Fuente*, *Alineación* o *Número* de la ficha *Inicio* de la *Cinta de opciones*, o bien a través del menú contextual del botón secundario del ratón.

Tenemos cinco formatos personalizables: Número, Alineación, Fuente, Bordes y Relleno.

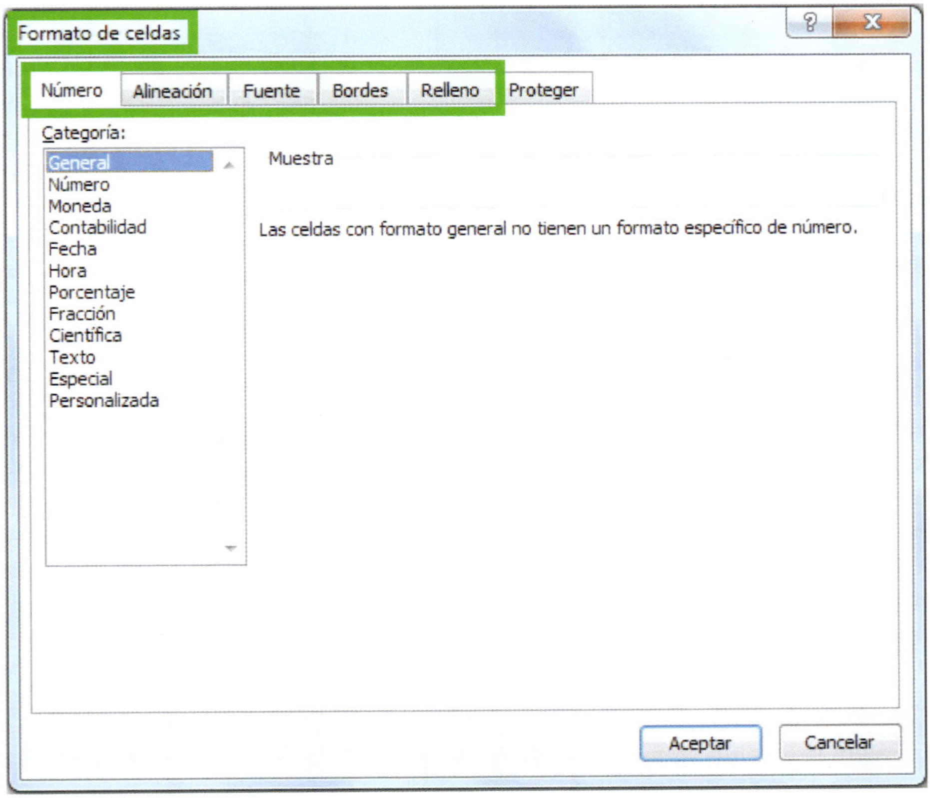

En la pestaña *NÚMERO* del *Formato de celdas* podemos modificar la forma en que se visualizan los datos que hemos introducido. Además de en dicha pestaña, podemos acceder a este menú en la *Cinta de opciones*, ficha *Inicio*, grupo *Número.* Veamos en una imagen las dos opciones.

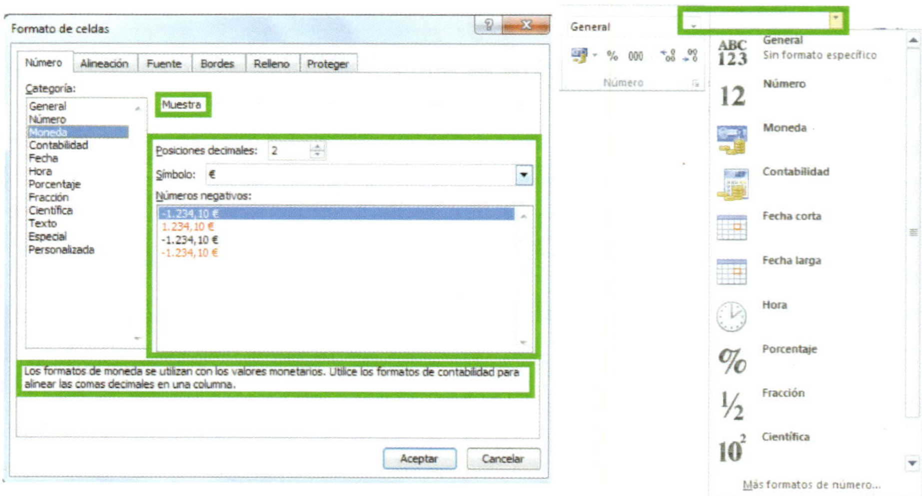

Si estamos en el menú contextual, para cada categoría que elijamos tendremos tres posibles apartados: *Muestra*, donde podemos ver cómo se representará el dato, diversas *Opciones*, que pueden aparecer o no, dependiendo de la categoría, en la zona intermedia de la ventana, mostrando opciones concretas para cada categoría, y, por último, *Comentario*, o definición, mostrándonos información acerca de la categoría seleccionada. Veremos a continuación las distintas categorías del menú *Número*.

- **General.** Es el formato por defecto, mostrando los número tal y como los escribimos.
- **Número.** Utilizado para la presentación de números. Permite definir la cantidad de decimales, si se muestra u oculta el separador de miles y la presentación de los números negativos.
- **Moneda.** Usado con los valores monetarios. A las especificaciones de la categoría número se le añade el símbolo monetario.
- **Contabilidad.** Con este formato se alinean los símbolos de moneda y las comas decimales en una columna. En esta categoría no está la opción de escoger la presentación de números negativos, ya que en contabilidad la notación de los negativos se realiza entre paréntesis, “( )”.

- **Fecha.** Se da la opción de elegir tipo de formato de fecha y la ubicación. Los formatos de fecha que comienzan por un asterisco, *, responden a cambios en la configuración regional del sistema operativo, mientras que si no tienen el asterisco no se verán afectados por dichos cambios.
- **Hora.** Categoría, en cuanto a alternativas, similar a la de fecha, si bien se tratan de valores de horas.
- **Porcentajes.** Estos formatos multiplican el valor introducido por 100 y muestra el resultado con el símbolo porcentual, %. Hay que escoger el número de decimales.
- **Fracción.** Se puede escoger entre nueve tipos de fracciones: de uno, dos o tres dígitos, o bien como medios, cuartos, octavos, dieciseisavos, décimas o centésimas.
- **Científica.** Muestra el valor de la celda utilizando potencias de base diez, sustituyendo la tradicional notación "*10^" por la letra "E". Escogeremos el número de decimales a representar.
- **Texto.** La celda se presenta exactamente como fue escrita, considerando todos los valores como textos.
- **Especial.** Se trata de formatos de códigos postales, números de teléfono y números de Seguridad Social, siendo útiles estos formatos para hacer un seguimiento de valores de lista y de bases de datos. Tenemos que elegir el tipo de formato y la ubicación.
- **Personalizada.** Esta categoría sirve para introducir nuevos de número, usando como punto de partida uno de los códigos existentes.

En la pestaña *ALINEACIÓN* podremos modificar la alineación y orientación del texto. Podemos acceder a estas opciones a través del menú contextual del botón secundario del ratón o ampliando el grupo *Alineación* de la *Cinta de opciones*.

Si nos fijamos en la pestaña de alineación, la primera opción que nos encontramos es la **Alineación del texto – Horizontal**. Podemos elegir cómo queremos que se muestre el contenido de la celda en relación con el ancho de la celda. Las distintas opciones son:

- **General.** Es la alineación por defecto, los números a la derecha y el texto a la izquierda.
- **Izquierda (sangría).** La alineación es a la izquierda, si bien podemos elegir los puntos de sangría a la izquierda que deseamos, puntos que por defecto son 0.

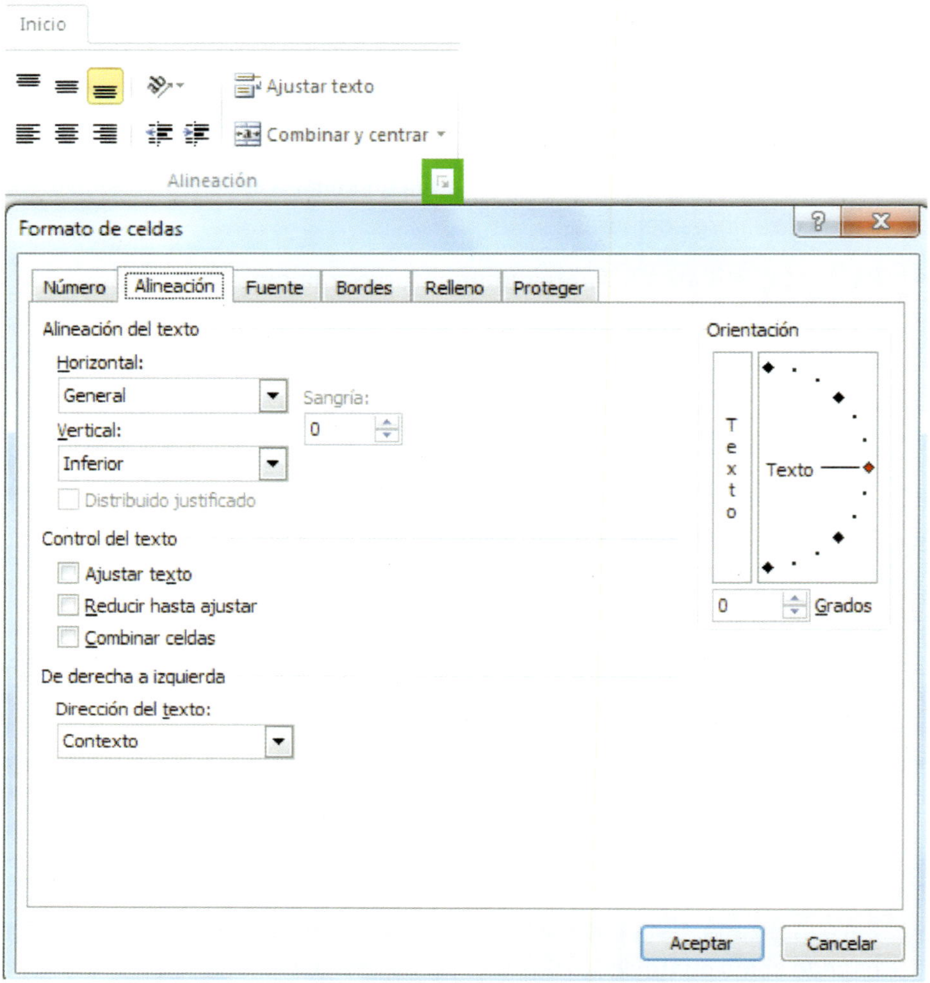

- **Centrar.** El contenido se centra en las celdas.
- **Derecha (sangría).** Se alineará el contenido a la derecha, pudiendo elegir la sangría.
- **Rellenar.** Con esta opción se repetirá el contenido tantas veces sea necesario como para cubrir toda la celda.
- **Justificar.** El contenido se alineará por ambos lados, izquierda y derecha.
- **Centrar en la selección.** Centra el contenido de una celda teniendo en cuenta las celdas en blanco seleccionadas a su derecha, solo a su derecha. Eso sí, solo centra el contenido, sin combinar las celdas, de forma que si introducimos un valor en una de las celdas de la derecha, se reajustará la manera de centrar, sin sobreescribir el contenido inicial.

- **Distribuido (sangría).** Se trata de una combinación de las alineaciones justificada y centrada.

Veamos un ejemplo de como quedaría un texto en las distintas alineaciones.

General	texto
Izquierda (sangría)	texto
Centrar	texto
Derecha (sangría)	texto
Rellenar	textotextotexto
Justificar	ejemplo de un texto
Centrar a selección	texto
Distribución (sangría)	ejemplo de un texto

A continuación tenemos la opción de **Alineación de texto – Vertical**. Las distintas opciones son:

- **Superior.** Se mostrará el contenido en la parte superior de la celda.
- **Centrar.** Se mostrará el contenido en el centro, respecto de altura, de la celda.
- **Inferior.** Se mostrará el contenido en la parte inferior de la celda.
- **Justificar.** Se mostrará el contenido teniendo en cuenta una lineación vertical superior e inferior.
- **Distribuido.** Es una combinación de la alineación vertical justificada y la centrada.

La siguiente opción que nos encontramos en la pestaña es el **Control de texto.** Existen tres posibilidades:

- **Ajustar texto.** Aumenta la altura de la celda para poder mostrar todo el contenido.
- **Reducir hasta ajustar.** Disminuye el tamaño del contenido para poder mostrar su totalidad dentro de la celda.
- **Combinar celdas.** Une varias celdas en una sola, conservando solo los datos del extremo superior izquierdo de la selección de celdas. Esta posibilidad presenta distintas opciones en la *Cinta de opciones*: *Combinar y centrar*, se realizada la unión de celdas y además se centra horizontalmente el contenido, *Combinar horizontalmente*, se unen las celdas solo horizontalmente, de forma que si seleccionamos cuatro celdas en un rectángulo y, combinamos

horizontalmente, obtendremos dos celdas nuevas, una en cada fila, *Combinar celdas*, misma opción que la vista en la pestaña, y *Separar celdas*, opción que rompe uniones de celdas creadas anteriormente.

La siguiente opción de la pestaña es la llamada **De derecha a izquierda**. Nos permite escoger entre tres posibilidades: **Contexto** (que es la que aparece por defecto), **De izquierda a derecha** y **De derecha a izquierda**, según deseemos ordenar las palabras en la celda, ajustando así a las distintas lecturas.

La última opción que nos presenta la pestaña de Alineación es la **Orientación**. En esta opción podemos elegir la dirección del texto, mediante el gráfico o bien tecleando el grado que queremos dar al texto, pudiendo observar el texto en dirección horizontal, inclinada o vertical.

En la *Cinta de opciones* tenemos disponibles botones que nos hacen más accesibles estas opciones, si bien el número de botones es inferior al de opciones de Alineación.

La siguiente pestaña del menú de Formato de celdas es la de FUENTE, donde podremos cambiar fuente, estilo, tamaño, subrayado, color y efectos del contenido de la celda.

Como podemos observar, en el grupo Fuente de la *Cinta de opciones* se incluyen los botones de las pestañas Bordes y Relleno.

La primera elección que tenemos que realizar es la **Fuente** o tipo de letra, entre las distintas que tengamos en nuestro sistema operativo, informándonos Microsoft Excel® de si la fuente es la misma para impresora y pantalla. En **Estilo** podemos escoger entre normal, *cursiva*, **negrita** o ***negrita cursiva***. A continuación tenemos la opción de cambiar el **Tamaño**. Continuamos con el **Subrayado**, teniendo cuatro tipos: simple, doble, simple contabilidad y doble contabilidad, donde los primeros subrayan las palabras y los espacios entre las mismas, mientras que los últimos subrayan todo el ancho de la celda. Otro posible cambio es el **Color**, que por defecto es Automático. En los **Efectos** podemos seleccionar si queremos que el contenido aparezca Tachado, en Superíndice o en Subíndice. Por último, si activamos la opción **Fuente normal**, todas las opciones de la pestaña volverán a su estado inicial, por defecto.

De este menú cabe destacar que podemos aplicar los cambios al contenido de una celda o de varias, pero también a una selección del contenido de una celda, pudiendo escribir en la misma celda de manera normal, o con superíndice, o resaltar una parte en negrita... Para ello basta con editar la celda, con doble clic en ella o bien con un clic en ella y acudiendo a la barra de fórmulas, seleccionar el contenido que queramos, y obtener el menú contextual del botón secundario del ratón, donde elegiremos la opción *Formato de celdas*.

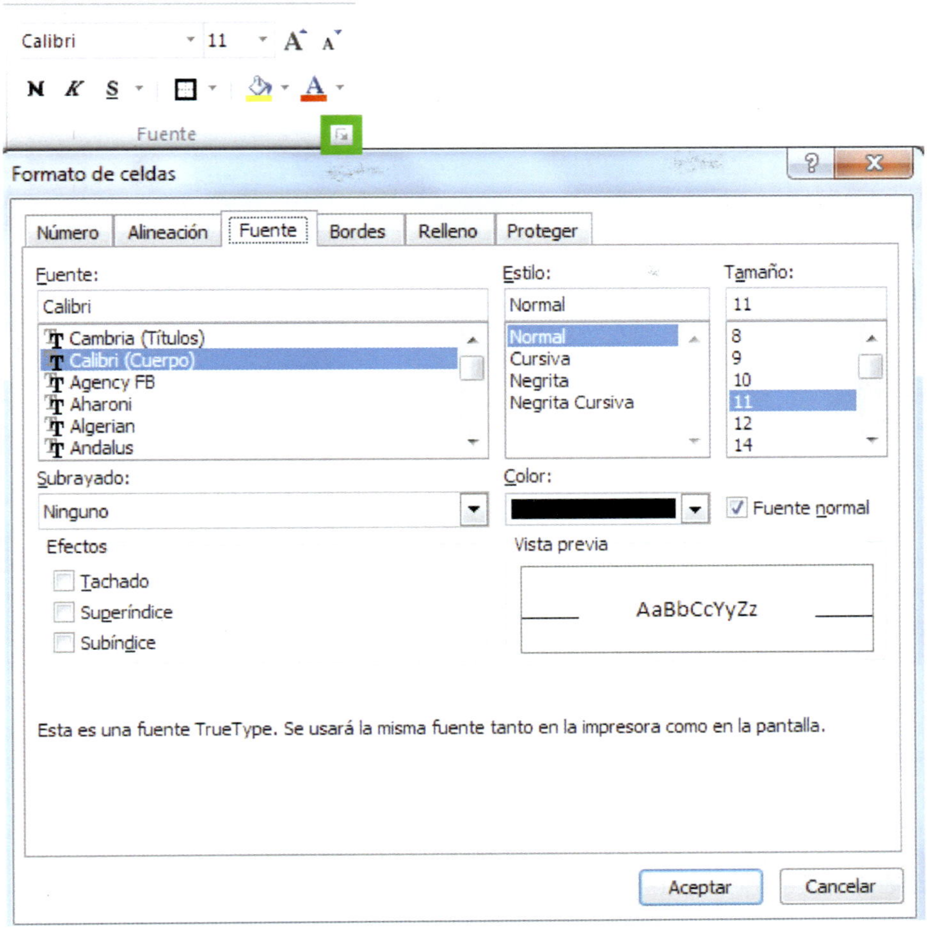

En la pestaña BORDES, podemos seleccionar entre distintos estilos y colores para recuadrar una celda o un rango. Ver imagen en siguiente página.

En el comando *Color de relleno* del grupo *Fuente* de la *Cinta de opciones* podemos seleccionar el color que deseamos poner de fondo en nuestra celda o pestaña. En la pestaña *RELLENO* del menú contextual *Formato de celdas*, podemos escoger, además del color, efectos de relleno, como degradado o sombreado, así como si queremos que el relleno, o fondo, sea sólido, uiforme, o si deseamos que tenga alguna trama de cuadrados, puntos o rayas. Tanto en el botón como en la pestaña podemos seleccionar cualquier color, a través de la opción *Más colores*, que nos mostrará una paleta de colores.

Otro grupo interesante, también en la ficha *Inicio* de la *Cinta de opciones*, es el de ***ESTILOS***. En este grupo tenemos la posibilidad de *Dar formato como tabla*, de forma que asignaremos un estilo de tabla determinado a un rango de celdas, o bien aplicar *Estilos de celda* ya definidos.

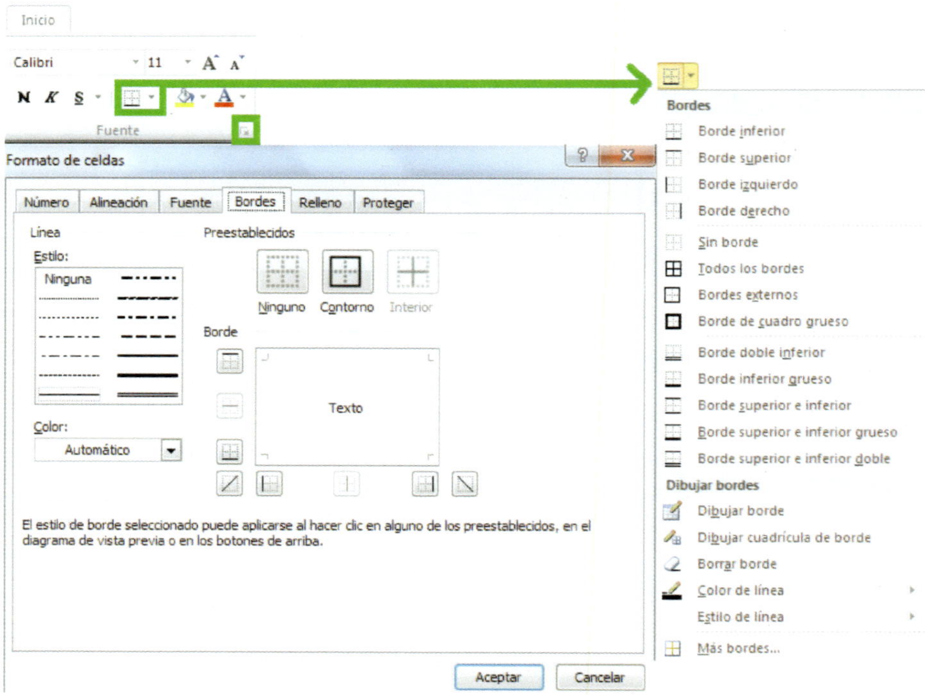

También tenemos el comando de *Formato condicional*, formato que nos permite visualizar los datos de una celda o rango de forma más vistosa, a través de barras de datos, escalas de color y conjuntos de iconos, o bien a través de variaciones del formato de las celdas. Es muy útil para resaltar celdas que contengan datos concluyentes. Se puede aplicar formato condicional a un rango de celdas, a una tabla de hoja de cálculo o a un informe de tabla dinámica. Tendremos que rellenar las condiciones y establecer los cambios de formato de celda que deseamos aplicar en las celdas seleccionadas. Así pues, esta herramienta tiene un doble punto de vista, ya que, por un lado, modifica el aspecto visual, pero para modificarlo se basa en el análisis de los datos, por lo que podríamos decir que está tanto en el diseño de la hoja como en el tratamiento de los datos o valores.

1.3.2. Establecimiento de rangos

Un *rango*, también conocido como *bloque*, es un conjunto de celdas. Este conjunto se caracteriza por tener una forma rectangular y estar las celdas contiguas. Veamos un ejemplo de un rango:

De la misma manera que una celda tiene un nombre, referenciado por la letra de su columna y el número de fila, el rango también tiene su nombre, el cual vendrá indicado por la celda de su extremo superior izquierdo y la de su extremo inferior derecho, separados por dos puntos. Este establecimiento de rangos es muy interesante, pues muchos cálculos a realizar, sobre todo con fórmulas y funciones, se hacen en referencia a rangos.

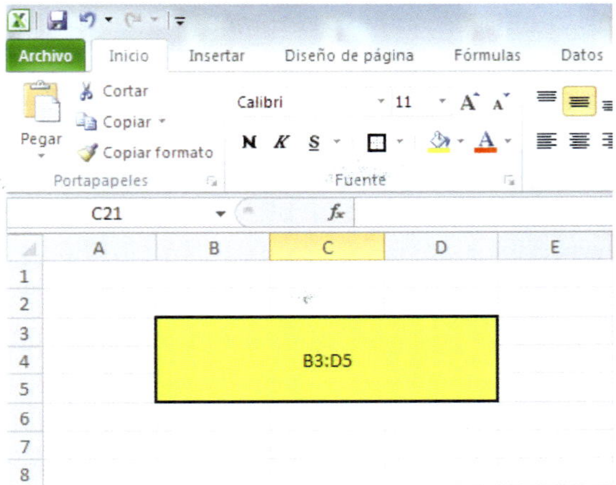

Una de las características de Microsoft Excel® es que nos permite asignar un nombre a las celdas, rangos o fórmulas. Una forma sencilla para asignar un nombre es seleccionar la celda o rango e ir al *Cuadro de nombres* (11), al lado de la Barra de fórmulas, donde escribimos el nombre. Otra forma, con más opciones y posibilidades, es ir a la *Cinta de opciones*, ficha *Fórmulas*, grupo *Nombres definidos*. En el grupo tenemos varias opciones, si bien para crear un nombre seleccionamos el botón *Asignar nombre*, *Definir nombre*; aquí indicaremos el Nombre, el Ámbito (libro u hoja), un Comentario o aclaración y si queremos Hacer referencia a una celda o rango. También en este grupo tenemos la posibilidad del *Administrador de nombres*, que permite crear, editar o eliminar nombres.

1.4. Fórmulas y funciones

Si el diseño de las hojas de cálculo es una herramienta que nos otorga muchas posibilidades para la presentación de datos, las *fórmulas* y *funciones* son herramientas fundamentales para el tratamiento de los datos.

Como ya comentamos antes, una *FÓRMULA* es una operación matemática, una ecuación que calcula un valor a partir de números y operadores matemáticos introducidos, pudiendo ser estos referencias a a celdas o a funciones.

Para introducir una fórmula tendremos que colocar el signo igual, "=", al principio, bien en la celda activa o bien en la barra de fórmulas. Otro dato a tener en cuenta es que si queremos incluir como un valor el de una celda, tendremos que introducir el nombre de la misma, o bien la seleccionamos con el ratón o el teclado.

Para copiar una fórmula podemos actuar de diversas formas. Podemos copiar y pegar, al igual que en otros programas, seleccionando la celda que queremos copiar, opción Copiar (en el menú contextual del botón secundario del ratón, o en el comando de la *Cinta de opciones*, o bien con la combinación de teclas CTRL y C), después seleccionamos las celdas donde queremos trasladar la información y escogemos la opción Pegar (en el menú contextual del botón secundario del ratón, o en el comando de la *Cinta de opciones*, o bien con la combinación de teclas CTRL y V). Otra opción, a la hora de Pegar, es utilizar la opción de *Pegado especial*, mediante la cual podremos seleccionar si copiamos los valores, la fórmula o el formato, en lugar de pegar toda la información como en la opción anterior. Pero en Microsoft Excel® tenemos otra opción de pegado, si queremos copiar y pegar en celdas adyacentes. Para ello seleccionamos la celda que queremos copiar y nos situamos en el extremo inferior derecho, de forma que el puntero se transforma en una cruz negra; en ese momento tenemos que hacer clic en el botón izquierdo del ratón, mantenerlo pulsado, y arrastrar, seleccionando el rango de celdas donde queremos pegar la fórmula; una vez seleccionado el rango, soltamos el botón del ratón, momento en que nos aparecerá, en la esquina inferior derecha del rango el botón de *Opciones de autorrelleno*, donde, si lo desplegamos, podremos elegir si pegar las celdas, solo los formatos o si pegamos la información sin el formato de origen.

Recordemos que la *FUNCIÓN* es una fórmula predefinida, que opera sobre valores y nos devuelve un resultado.

Para introducir una función en una celda seleccionada, podemos proceder de diversas formas: escribiendo en la celda, escribiendo en la barra de fórmulas, o bien seleccionando la función en el icono de *Insertar función*, presente en la izquierda de la Barra de fórmulas y en la *Cinta de opciones*, ficha *Fórmulas*, o a través del grupo *Biblioteca de funciones*, presente en la misma ficha de la *Cinta de opciones*.

Para escribir la función tenemos que poner el signo igual, "=", seguido del nombre de la función y el paréntesis de apertura, sin espacio entre el nombre y el paréntesis, "(". Después del paréntesis irán los argumentos, que pueden ser valores, fórmulas, funciones, valores lógicos y de error, matrices o referencias de celdas, argumentos que se separarán mediante el símbolo de punto y coma, ";". Por último se debe cerrar el paréntesis, ")".

1.4.1. Funciones matemáticas predeterminadas

Recordemos que la Función es una fórmula predefinida, que opera sobre valores y nos devuelve un resultado. En Microsoft Excel® tenemos a nuestra disposición funciones matemáticas predefinidas, de forma que si seleccionamos un rango de datos, escogiendo la función deseada el software mostrará el resultado en la siguiente celda a las seleccionadas. Estas funciones matemáticas están disponibles en la *Biblioteca de funciones* que acabamos de ver, comando *Autosuma*, o bien en el mismo comando que está presente en la ficha *Inicio*, grupo *Modificar*. Si desplegamos el botón, nos encontraremos con las cinco funciones predeterminadas, que tendrán en cuenta solo las celdas con números:

NOMBRE	SINTAXIS	DESCRIPCIÓN
Suma	=SUMA(núm1;núm2;...)	Devuelve la suma de los números
Promedio	=PROMEDIO(núm1;núm2;...)	Devuelve la media aritmética
Contar números	=CONTAR(núm1;núm2;...)	Devuelve el número de celdas que contienen números
Máximo	=MAX(núm1;núm2;...)	Devuelve el valor del número más alto
Mínimo	=MIN(núm1;núm2;...)	Devuelve el valor del número más pequeño

Podemos recordar que en la sintaxis de la función, donde pone "número1" podemos indicar tanto una celda como un rango.

1.4.2. Introducción de funciones predefinidas complejas

Además de las funciones matemáticas predeterminadas, tenemos a nuestra disposición una serie muy amplia de funciones predefinidas. Estas se encuentran en la *Biblioteca de funciones* y en el botón de *Insertar función* presente en la barra de fórmulas. Las funciones se organizan en catorce categorías:

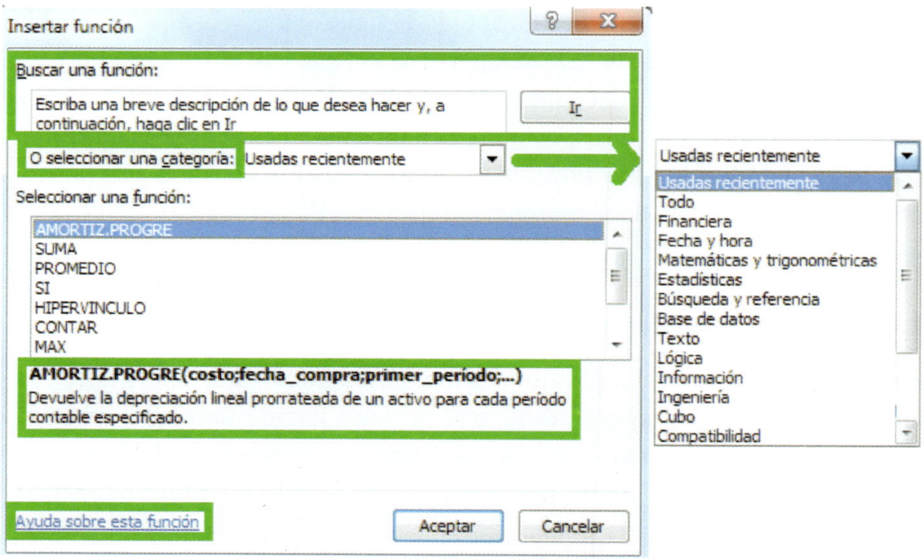

Dentro de cada categoría tenemos las funciones asociadas a la misma y una ayuda sobre su utilización, que consiste en mostrarnos la sintaxis de la función y una definición del valor que devuelve. Si con la descripción breve no nos queda clara la utilización de la función, podemos acceder a una información mayor a través del enlace *Ayuda sobre esta función*. Otra opción interesante de esta ventana es el poder buscar una función a través de una breve descripción de lo que deseamos hacer, ya que en ocasiones querremos utilizar una función poco habitual, de la cual no conocemos su nombre ni categoría.

Una vez elegida la función tenemos que seleccionarla, bien haciendo doble clic con el botón principal del ratón sobre la función o bien pulsando en *Aceptar*. Se nos mostrará un cuadro de ayuda, que nos guiará a cumplimentar los argumentos de la función. Ver imagen página siguiente.

En el cuadro de argumentos de función podemos ir rellenando los argumentos mediante escritura o bien seleccionando la celda o rango, pulsando en el icono que está a la derecha del área de escritura. Este cuadro nos proporciona diversas ayudas: por un lado nos indica si debemos rellenar el argumento, por ejemplo, con un número o un valor lógico, también nos recuerda la definición de la fórmula, pero además nos indica la definición del argumento, teniendo, por otro lado, la posibilidad de previsualizar el resultado de la fórmula e, incluso, volver a consultar la ayuda detallada sobre la función.

También podemos introducir las funciones escribiéndolas directamente en la *Barra de fórmulas*, siempre y cuando conozcamos el nombre de la función que se utiliza en la sintaxis. Una vez introducido el nombre y abierto el paréntesis,

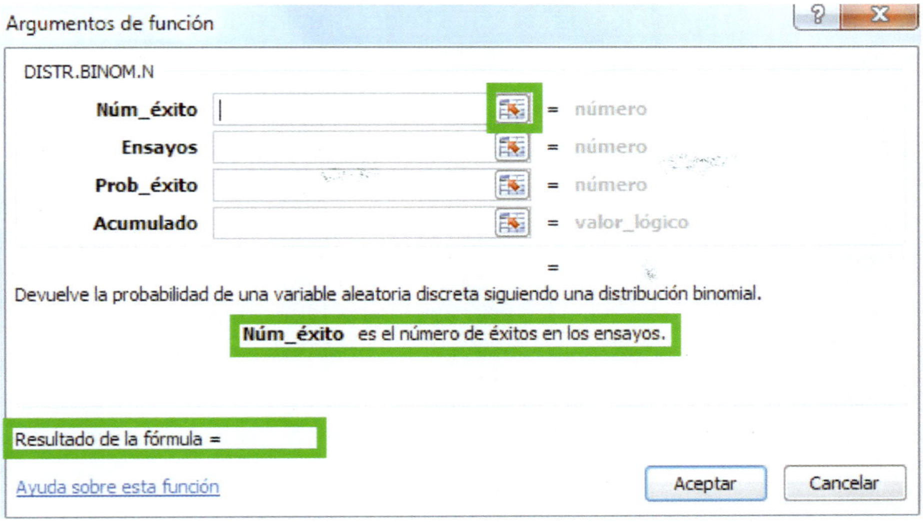

nos aparecerá debajo la sintaxis completa, a modo de ayuda, indicando los argumentos que debemos rellenar, incluso si son opcionales nos los mostrará entre corchetes, "[ ]".

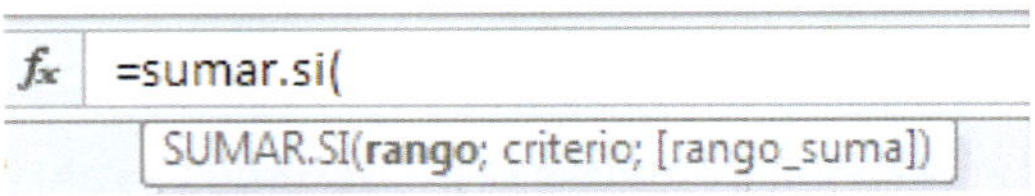

Por ejemplo, si escribimos "sumar.si(", nos mostrará que debemos introducir un rango y un criterio, así como que tenemos la posibilidad de un tercer argumento, no obligatorio, el rango_suma.

1.4.3. Empleo de funciones lógicas

Dentro de las funciones, podríamos considerar lógicas no solo a las funciones de tal categoría, sino que también puedes incluir las funciones condicionales, es decir, aquellas que incorporan una condición, que se ha de cumplir para realizar una acción, y, si no se cumple, se realizará otra.

Veamos a continuación una descripción más detallada de las funciones lógicas y condicionales más habituales, así como de su sintaxis.

SI(prueba lógica; valor si verdadero; valor si falso)

Es la función condicional por excelencia. Microsoft Excel® evalúa la prueba lógica, devolviendo el segundo argumento en caso de ser cierta, y el tercero en caso de ser falsa. Lo más habitual es comparar celdas, a través de los operadores lógicos, que veremos en el apartado 1.5.2. Operadores aritméticos y lógicos.

En el valor del segundo y tercer argumento podemos incluir un número, texto, entre comillas, u operación, así como una nueva función.

Y(valor lógico 1; valor lógico 2;...)

En este caso se evalúan todas las pruebas lógicas que introduzcamos, de forma que si se cumplen todas, la función nos devolverá el valor "VERDADERO", devolviendo en caso contrario "FALSO".

O(valor lógico 1; valor lógico 2;...)

En este caso se evalúan todas las pruebas lógicas que introduzcamos, de forma que si se cumple alguna, la función nos devolverá el valor "VERDADERO", devolviendo "FALSO" en el caso de que no se cumpla ninguna.

CONTAR.SI(rango; criterio)

En rango indicamos el rango de celdas que queremos evaluar.

En criterio, la condición que ha de cumplir cada celda.

Microsoft Excel® contará, en el rango indicado, las celdas que sí cumplen condición expresada.

SUMAR.SI(rango; criterio; rango suma)

En rango introducimos las celdas que queremos evaluar.

En criterio la condición que determina qué celdas deben sumarse, pudiendo ser la condición un número, texto o expresión.

En rango_suma introduciremos las celdas que se van a sumar. Si queremos sumar las mismas celdas que las que evaluamos, este argumento no es necesario rellenarlo.

1.4.4. Referencias absolutas y relativas

Las referencias a otras celdas en las fórmulas y funciones son muy habituales, ya que es bastante común que el cálculo se repita en varias celdas, como por ejemplo cuando introducimos en una columna una fórmula que hace referencia a las filas de su izquierda, y, según bajamos, vamos repitiendo esa misma fórmula.

Por ello, nos puede interesar que al copiar la fórmula se actualicen las referencias, de forma que tendremos que introducir una referencia relativa, o bien nos puede interesar que en la fórmula se tenga siempre en cuenta la misma celda, introduciendo una referencia absoluta.

Las referencias relativas las introducimos poniendo solo el nombre de la celda, de forma que si copiamos la fórmula una fila más abajo, el número de la referencia aumentará, y si copiamos la fórmula en otra columna, cambiará la letra, cambiando la letra y el número de la celda de referencia si copiamos la celda en una columna y fila distintas.

La referencia absoluta la podemos introducir con el símbolo de dólar, "$", delante de la letra y del número de la celda referenciada.

También podemos incluir referencias mixtas, poniendo solo un dólar, delante de la columna o de la fila que queramos fijar, de forma que solo se modificará la columna o fila que no esté fijada por el símbolo dólar.

1.4.5. Conversión entre tipos de referencia

Se puede cambiar fácilmente de un tipo de referencia a otro sin tener que volver a escribirla, presionando F4. Para cambiar de un tipo de referencia a otro primero tenemos que seleccionar la celda que contiene la referencia a cambiar; a continuación, bien en en la barra de fórmulas o bien en la propia celda, seleccionamos la referencia o referencias a cambiar, incluso podemos seleccionar la fórmula completa, si queremos cambiar todas las referencias; presionamos F4, de forma que cada vez que presionamos, Microsoft Excel® irá cambiando entre los distintos tipos de referencia, según el siguiente orden:

TIPO	Ejemplo	¿Qué se fija?
Relativa	A1	Ni fila ni columna
Absoluta	A1	Fila y columna
Mixto	A$1	Fila
Mixto	$A1	Columna

1.5. Edición de hojas de cálculo

Con edición de hojas nos referimos a la introducción de datos, operadores, fórmulas y funciones, al trabajo con hojas de cálculo diferentes, a la visualización que nos permite ver siempre una parte de nuestro trabajo mientras el resto se desplaza, y al guardado y protección de nuestro trabajo.

1.5.1. Introducción de datos

La introducción de datos es una tarea muy sencilla, aunque la podemos realizar de diversas maneras. Lo primero es seleccionar la celda en la que queremos introducir los datos, haciendo un clic con el botón principal del ratón, de forma que la celda tendrá un recuadro más grueso, avisando de que es la celda activa. Después tenemos dos alternativas, bien escribimos directamente o bien situamos el cursor en la Barra de fórmulas para la introducción de datos.

Por último tenemos que aceptar la introducción de datos. Para ello podemos proceder de tres maneras, actuando Microsoft Excel® de tres formas distintas. Una opción es pulsar la tecla INTRO, de forma que se activará la celda que está justo debajo de la celda escrita. Una segunda manera es utilizar los botones de cancelar (aspa) e introducir (visto) que aparecen, durante la introducción de datos, en la Barra de fórmulas, a la izquierda del botón de Introducir fórmulas; en este caso la celda activa no variará. La última opción es posible solo si hemos introducido los datos directamente en la celda activa, y consiste en pulsar las flechas de movimiento del teclado, de forma que, dependiendo de la flecha que se toque, se activará una celda distinta.

Para MODIFICAR los datos, ya aceptados y presentes en alguna celda, también podemos actuar de diversas maneras. Una manera es activar la celda, con un clic, y a continuación situar el cursor en la Barra de fórmulas, seleccionando nosotros el sitio donde queremos hacer la modificación. Otra forma consiste el pulsar F2 tras la activación de celda, de forma que el cursor se situará, en la propia celda, al final de los valores contenidos. Por último, sin necesidad de activar la celda, hacemos doble clic encima de la celda, de forma que el cursor se situará en el lugar de los datos donde hemos realizado el doble clic.

1.5.2. Operadores aritméticos y lógicos

Para la creación de fórmulas nos es necesario conocer los operadores, tanto aritméticos como lógicos, que utiliza Microsoft Excel®.

Operadores aritméticos y sus signos					
Suma	+	Resta	-	Potencia	^
Multiplicación	*	División	/	Paréntesis	( )

Operadores lógicos y sus signos					
Igual a	=	Mayor que	>	Mayor o igual que	>=
Disitinto a	<>	Menor que	<	Menor o igual que	<=

Hay otros operadores. Por ejemplo, tenemos el operador "&", de texto, que lo utilizaremos para concatenar, es decir, construir cadenas de texto a partir de otras celdas. Los dos puntos, ":", recordamos que son utilizados para indicar rangos.

1.5.3. Utilización anidada de fórmulas y funciones

Anidar fórmulas o funciones consiste en utilizar una función o fórmula como argumento de otra principal. Gracias a ello podemos introducir la posibilidad de que sucedan varias pruebas o cálculos, pudiendo, incluso, crear complicados árboles de decisión si, por ejemplo, anidamos varias funciones SI.

Un ejemplo de una expresión anidada en una fórmula sería:

=SUMA(A1;(A2*A3);B1:B4)

En este caso, primero se realizaría la multiplicación, cuyo resultado se sumaría a la celda y rango indicados.

Un ejemplo de una fórmula anidada en otra, podría ser:

=PROMEDIO(SUMA(A1:A12);SUMA(B1:B12);SUMA(C1:12))

En este caso se realizarían las tres sumas, que bien podrían ser datos mensuales de tres años distintos. A continuación se realizaría la media aritmética de los tres valores, de la suma total de cada año.

Es habitual anidar una fórmula o una expresión dentro una función, como por ejemplo cuando introducimos una prueba lógica:

=SI(A1*A2>B1;"Ok";"Repite")

En este caso se evaluará si el resultado de la multiplicación es superior al valor de la celda indicada; en caso de ser superior se escribirá en la celda "Ok", mientras que en caso contrario aparecerá "Repite".

También podemos anidar funciones dentro de otra, como por ejemplo:

=SI(PROMEDIO(B1:B5)>A6;PROMEDIO(B1:B5); "Empeoramiento")

Ahora Microsoft Excel® calculará el promedio de un rango y lo comparará con el valor de una celda, de forma que si la media es mayor aparecerá el cálculo, mientras que si es inferior aparecerá la palabra "Empeoramiento".

Por categorías, estas son algunas de las funciones que nos encontramos:

FINANCIERAS	
AMORTIZ.LIN	Devuelve la depreciación lineal prorrateada.
DDB	Devuelve la depreciación de un activo en un período mediante el método de depreciación por doble disminución de saldo u otro método que se especifique.
INT.EFECTIVO	Devuelve la tasa de interés anual efectiva.
NPER	Calcula el número de periodos necesario para terminar de amortizar la operación, conocidos el tipo de interés, los pagos y el principal.
PAGO	Calcula el pago de un prestamo basado en pagos y tasa de interés constantes.
PAGOINT	Devuelve el interés pagado por una inversión durante un periodo determinado.
PAGOPRIN	Devuelve el pago de un capital de una inversión determinada.
TASA	Calcula el tipo de interés que se aplica en una operación, dados el número de pagos, la cantidad de cada pago y el principal.
TASA.NOMINAL	Devuelve la tasa de interés nominal.
TIR	Devuelve la tasa interna de retorno.
VA	Devuelve el valor presente de una inversión.
VF	Devuelve el valor futuro de una inversión.
VNA	Devuelve el valor actual neto, dadas la tasa de descuento, los pagos futuros y las entradas.

FECHA Y HORA	
AHORA	Devuelve la fecha y hora actuales. No tiene argumentos.
DIAS.LAB	Devuelve el número total de días laborables entre dos fechas.
DIAS360	Calcula el número de días entre dos fechas, basándose en un año de 360 días.
FECHA	De utilidad cuando la fecha proviene de cálculos. Debemos indicar un número para el año, el mes y los días, pudiendo ser los días superiores a 31 y los meses a 12, ya que Microsoft Excel® hará los ajustes necesarios.

MATEMÁTICAS Y TRIGONOMÉTRICAS	
ABS	Devuelve el valor absoluto de un número.
ALEATORIO	Devuelve un número aleatorio entre 0 y 1. No tiene argumentos.
COMBINAT	Devuelve el número de combinaciones posibles.
ENTERO	Redondea el número hasta el entero inferior más próximo.
EXP	Calcula el valor de la constante e elevado a la potencia indicada.
FACT	Devuelve el factorial de un número.
M.C.D	Devuelve el máximo común divisor.
M.C.M.	Devuelve el mínimo común múltiplo.
PRODUCTO	Devuelve el producto de todos los números especificados.
RAIZ	Devuelve la raíz cuadrada del número.
REDONDEAR	Redondea un número al número de decimales especificado.
RESIDUO	Obtiene el resto de una división, dados dividendo y divisor.
REDONDEAR.MAS	Redondea un número hacia arriba, en dirección contraria al 0.
REDONDEAR.MENOS	Redondea un número hacia abajo, en dirección al 0.
SUMA.CUADRADOS	Devuelve la suma de los cuadrados de los números.
SUMAPRODUCTO	Devuelve la suma de los productos de cada rango.
SUMAR.SI	Suma el valor de las celdas que cumplen determinado criterio.
TRUNCAR	Permite configurar el número de decimales a mostrar, sin redondeo, incluso mostrar solo la parte entera.

ESTADÍSTICAS	
CONTAR.BLANCO	Cuenta el número de celdas en blanco.
CONTAR.SI	Cuenta las celdas que cumplen el criterio.
CONTARA	Cuenta el número de celdas no vacías.
DESVESTA	Calcula la desviación estándar de una muestra.
DESVESTPA	Calcula la desviación estándar de una población total.
DISTR.NORM.N	Devuelve la distribución normal para la media y desviación especificadas.
INV.NORM	Devuelve el inverso de la distribución acumulativa normal.
K.ESIMO.MAYOR	Devuelve el valor k-ésimo mayor de un conjunto de datos.
K.ESIMO.MENOR	Devuelve el valor k-ésimo menor de un conjunto de datos.
MEDIANA	Devuelve la mediana o número central de un conjunto.
MODA.UNO	Devuelve el valor más frecuente en un conjunto.
VAR.P	Calcula la varianza en función de una población total.
VAR.S	Calcula la varianza en función de una muestra.

BÚSQUEDA Y REFERENCIA	
BUSCARH	Busca en la primera fila de una matriz y devuelve el valor en la misma columna desde una fila especificada.
BUSCARV	Busca en la primera columna de una matriz y devuelve el valor en la misma fila desde una columna especificada.
COINCIDIR	Busca un valor en un rango, pudiendo ser el valor menor más próximo, el valor igual o el valor mayor más próximo al buscado, devolviendo su posición relativa en la matriz.
ELEGIR	Elige un valor de una lista a partir de un índice que definimos. Esta función puede ser de mucha utilidad cuando el índice hace referencia a una celda, a partir de la cual podemos ir cambiando dicho índice.
INDICE	Devuelve el valor de una celda, dentro de un rango, indicada por una fila y columna.
TRANSPONER	Devuelve un rango vertical de celdas como uno horizontal, o viceversa.

BASE DE DATOS	
BDCONTAR	Cuenta las celdas que cumplen algún criterio.
BDEXTRAER	Extrae de una base de datos un único registro que cumple las condiciones.
BDMAX	Devuelve el número máximo, teniendo en cuenta unas condiciones.
BDMIN	Devuelve el número mínimo, teniendo en cuenta unas condiciones.

TEXTO	
CONCATENAR	Une varios elementos de texto en uno solo.
DECIMAL	Redondea un número y devuelve el resultado como texto, con o sin comas.
ESPACIOS	Quita todos los espacios del texto, excepto los individuales entre palabras.
IGUAL	Comprueba si dos textos son iguales, diferenciando mayúsculas y minúsculas.
LARGO	Devuelve el número de caracteres de una cadena de texto.
MAYUSC	Convierte una cadena de texto en letras mayúsculas.
MINUSC	Convierte una cadena de texto en letras minúsculas.
REEMPLAZAR	Reemplaza parte de una cadena de texto por otra.
TEXTO	Convierte un valor en texto.
VALOR	Convierte un valor de texto representativo de un número, en número.

LÓGICA	
FALSO	Devuelve el valor lógico "falso". No tiene argumentos.
NO	Evalúa una expresión como verdadera o falsa. Si la expresión es verdadera, nos devolverá "falso", mientras que si es falsa, devolverá "verdadero".
O	Comprueba si alguno de los argumento es verdadero, y devuelve "verdadero" o "falso". Devuelve "falso" si todos los argumentos son falsos.
SI	Comprueba si se cumple una condición y devuelve un valor si se evalúa como verdadero y otro valor si se evalúa como falso.
SI.ERRROR	Devuelve "valor_si_error" si la expresión es un error y el valor de la expresión no lo es.
VERDADERO	Devuelve el valor lógico "verdadero". No tiene argumentos.
Y	Comprueba si todos los argumentos son verdaderos, y devuelve "verdadero" si todos lo son.

INFORMACIÓN	
CELDA	Devuelve información acerca del formato, ubicación o contenido de la primera celda, según el orden de lectura de la hoja, en una referencia.
ESNUMERO	Comprueba si un valor es número y devuelve "verdadero" o "falso".
TIPO	Devuelve un entero que representa el tipo de datos de la celda: número=1, texto=2, valor lógico=4, valor de error=16, matriz=64.

INGIENERÍA	
CONVERTIR	Convierte un número de un sistema decimal a otro.
DEC.A.BIN	Convierte un número decimal en binario.
MAYOR.O.IGUAL	Prueba si un número es mayor que el valor de referencia.

COMPATIBILIDAD	
Esta categoría contiene funciones que están disponibles por compatibilidad con versiones anteriores.	
MODA	Devuelve el valor más frecuente de un rango.

1.5.4. Operaciones con hojas de cálculo diferentes

A la hora de escribir referencias, puede ser que la celda que queremos utilizar no esté en el libro o en la hoja que estamos utilizando. Para ello, tendremos que introducir la referencia de la siguiente manera:

[Libro]Hoja!LetraNúmero

Donde "[Libro]" será el nombre del libro entre corchetes, "Hoja!" es el nombre de la hoja seguido del signo de cierre de una exclamación, "Letra" es el nombre de la columna y "Número" el de la fila.

En lugar de escribir la celda la podemos seleccionar haciendo clic con el botón principal del ratón, de forma que aparecerá escrita de forma correcta, incluyendo el libro y la hoja en caso de no encontrarse en esa misma hoja, y como referencia relativa, teniendo que añadir el signo $ de forma manual, escribiendo o con la tecla F4.

Otra referencia que nos puede interesar es utilizar un rango que incluya la misma celda, pero perteneciente a distintas hojas. En esta ocasión la referencia será:

Hoja:Hoja!LetraNúmero

De forma que Microsoft Excel® cogerá la celda, representada por Letra y Número, presente en todas las hojas, desde la primera hasta la última que hemos señalado en el rango.

1.5.5. Inmovilización de paneles

La inmovilización de paneles es una acción que utilizamos cuando nos interesa poder desplazarnos por la hoja pero viendo en todo momento unas determinadas celdas, que podríamos llamar encabezados o títulos.

Para inmovilizar los encabezados tenemos que ir a la *Cinta de opciones*, ficha *Vista*, grupo *Ventana*, comando *Inmovilizar*. Encontraremos tres opciones para inmovilizar.

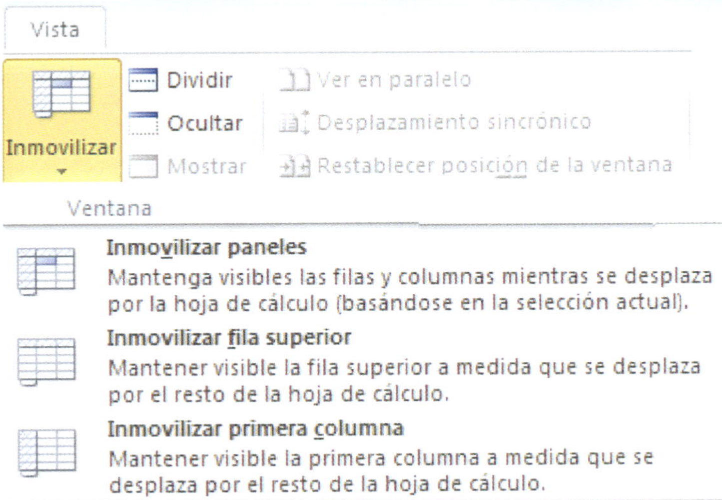

Inmovilizar primera columna implica que la columna A siempre estará visible.

Inmovilizar fila superior implica que la fila 1 siempre estará visible.

Inmovilizar paneles dependerá de la celda que tengamos activa, pues esa celda será la primera en desaparecer, tanto si nos movemos horizontal como verticalmente.

Si tenemos seleccionada alguna inmovilización, en el menú nos saldrá la opción "*Movilizar paneles*", en lugar de Inmovilizar paneles, gracias a la cual desbloquearemos todas las celdas para poder movernos por toda la hoja.

1.5.6. Protección de hojas y celdas

Para evitar cualquier escritura o modificación, podemos proteger tanto las celdas, como las hojas como los libros creados con Microsoft Excel®.

Por defecto, las CELDAS están protegidas, tal como podemos comprobar en la pestaña *Proteger* del menú *Formato de celdas*, donde se nos informará que la celda está bloqueada. A este menú accedemos con el menú contextual del botón secundario del ratón, aunque también podemos acceder a través de la *Cinta de opciones*, ficha *Inicio*, grupo *Celdas*, comando *Formato*, si bien en este menú encontramos también la información del bloqueo de celda de forma directa.

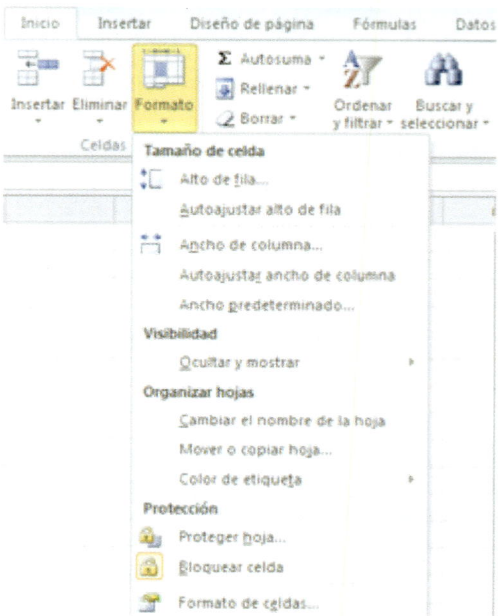

Sin embargo, aunque de forma predefinida la celda está bloqueada, podemos realizar cambios en ella ya que el bloqueo de celdas no surte efecto si no se protege la hoja. Por ello, es importante quitar la verificación de la celda *Bloqueada*, de forma que la celda no esté bloqueada y podamos escribir en ella, mientras que en el resto no se podrán realizar modificaciones.

Otra opción interesante la encontramos en la ficha *Revisar*, grupo *Cambios*. Se trata de *Permitir que los usuarios modifiquen rangos*, comando con el cual podemos controlar el bloqueo de un conjunto de valores, o RANGO, para lo cual usaremos la función de crear un rango *Nuevo*, especificando su nombre y las celdas que lo componen, así como una contraseña, si lo deseamos. Lo mismo que sucedía con las celdas, este desbloqueo no tendrá efecto hasta que bloqueemos la hoja.

Para bloquear una HOJA tenemos que acudir a la ficha *Revisar*, grupo *Cambios*, comando *Proteger Hoja*. En el cuadro de diálogo correspondiente, especificaremos la contraseña de desbloqueo de hoja, así como los permisos que se les otorgará a los demás sucedáneos.

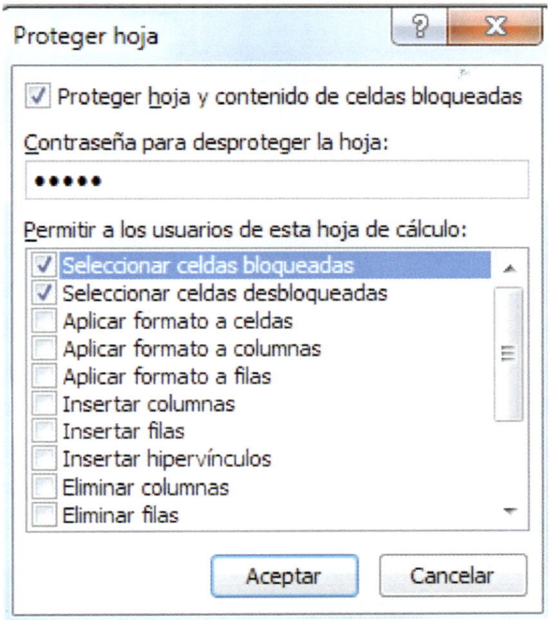

Una vez aceptamos, tendremos que confirmar la contraseña introducida. A partir de este momento solo se podrán modificar las celdas y rangos desbloqueados.

En el caso de que la hoja esté protegida, en lugar del comando de proteger hoja aparecerá el de *Desproteger hoja*, para lo cual deberemos proporcionar la contraseña correcta.

La protección del Libro la veremos en el apartado 1.7. Gestión de archivos: Grabación de hojas de cálculo en distintos formatos, plantilla y Web incluidos.

1.6. Instalación personalizada de una hoja de cálculo

Algunas opciones predefinidas de Microsoft Excel® pueden personalizarse. Para ello debemos ir a la ficha *Archivo*, comando *Opciones*, donde encontramos las siguientes categorías: General, Fórmulas, Revisión, Guardar, Idioma, Avanzadas, Personalizar *Cinta de opciones*, Barra de herramientas de acceso rápido, Complementos y Centro de confianza.

General

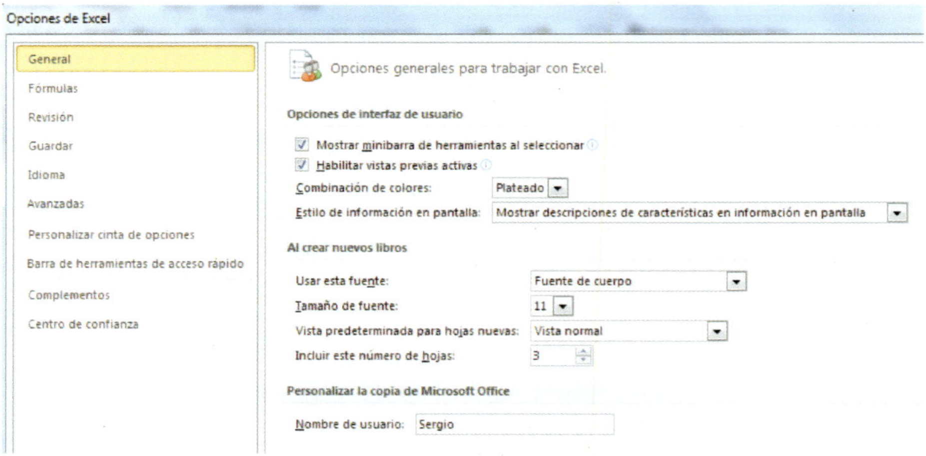

Las primeras opciones que nos encontramos son las referentes a la interfaz. Así podemos determinar si queremos que se muestre la minibarra de herramientas cuando seleccionamos algún texto así como las vistas previas de las modificaciones de texto. Además podemos elegir el color de la interfaz y si queremos que se nos muestre información en la pantalla.

En el segundo apartado definiremos el tipo y tamaño de fuente, la vista predeterminada de la interfaz y el número de hojas de un libro nuevo. Por último, podemos indicar el nombre de usuario.

Fórmulas

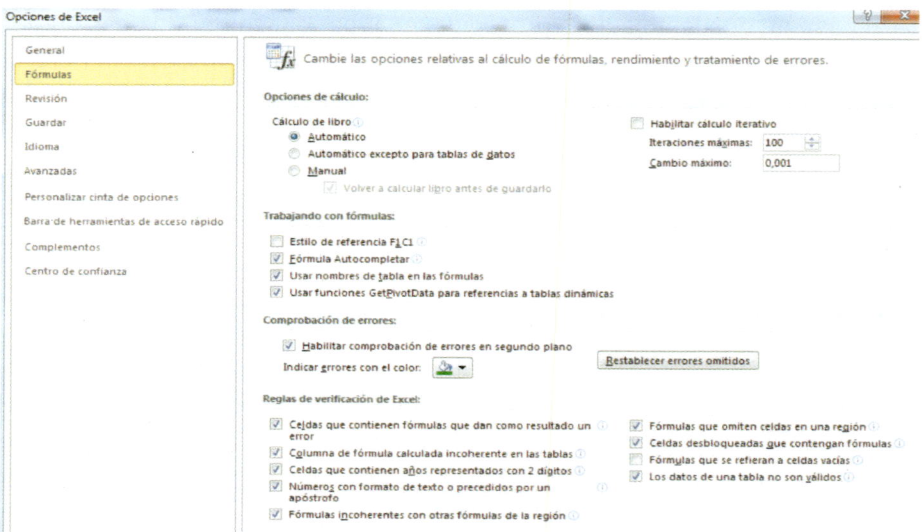

Lo primero que podemos modificar son las opciones de cálculo. Así indicaremos si el libro tiene que recalcular automáticamente cada vez que se cambie algún valor y si habilitamos el cálculo iterativo.

En el segundo apartado el primer cambio posible hace referencia al nombre de las celdas, con letras y números, o bien solo con números, indicando con las letras "F" y "C" delante de los números si se trata de la fila o la columna. El resto de cambios hace referencia a ayudas para autocompletar y del uso de nombres.

Los siguientes dos apartados hacen referencia a la comprobación de errores, así como a las reglas que se tienen en cuenta para valorar si hay error o no.

Revisión

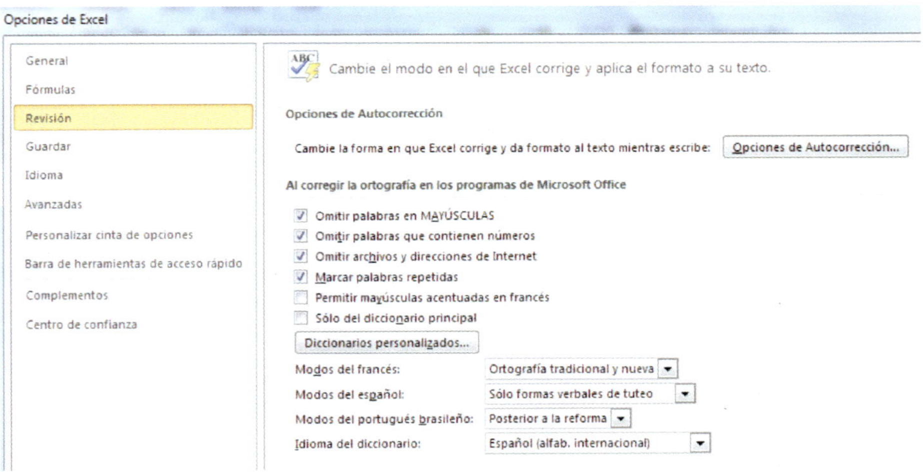

En esta categoría encontramos las opciones para corregir la ortografía. Además encontramos las siguientes *Opciones de Autocorrección*:

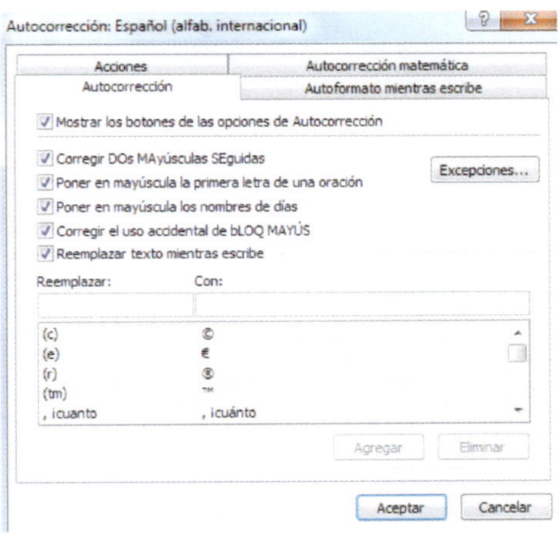

Encontramos opciones de autocorrección, autoformato y autocorrección matemática mientras escribimos, así como añadir alguna acción adicional en los menús contextuales.

Guardar

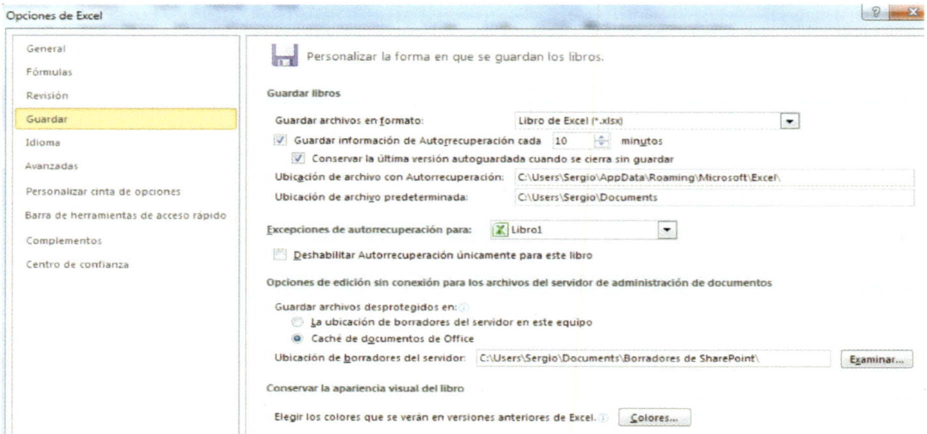

Aquí podemos configurar el formato y el sitio predeterminado para guardar los libros, cada cuántos minutos y dónde se guardará la información de forma automática y si queremos que haya alguna excepción en la autorrecuperación, por ejemplo.

Idioma

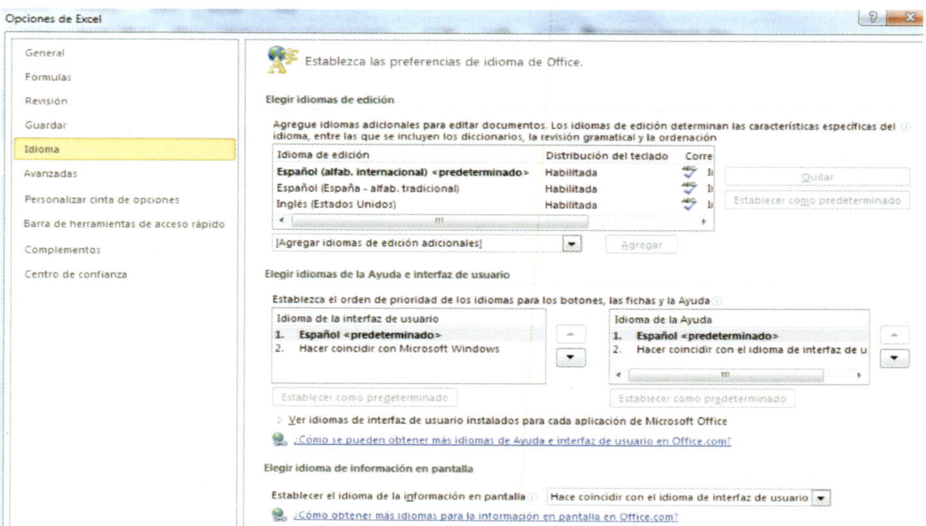

En esta categoría se determina el idioma de edición, de la interfaz y de ayuda, pudiendo coexistir varios idiomas, cuya prioridad tendremos que ordenar.

Avanzadas

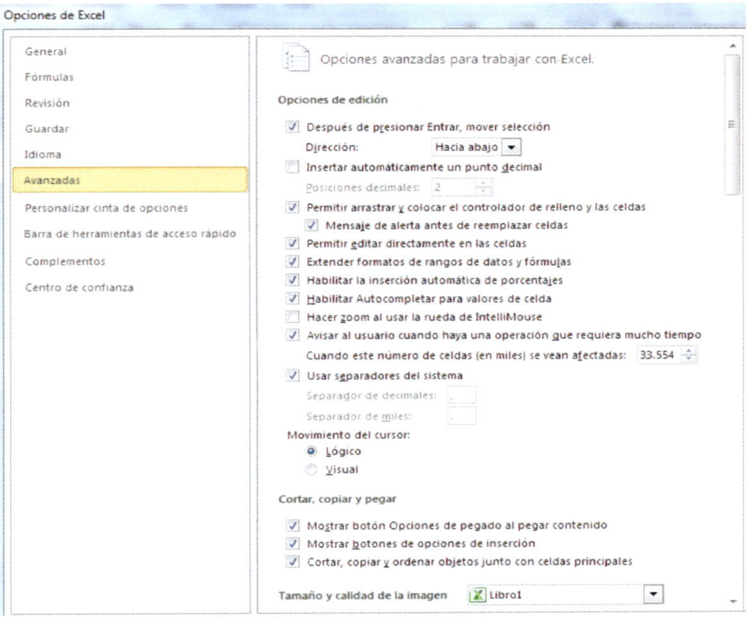

Disponemos de opciones de edición, de cortar, copiar y pegar, del tamaño y la calidad de la imagen, de impresión, de los gráficos, de los elementos a mostrar, de las opciones de mostrar para el libro y hoja creados de forma predeterminada, de fórmulas, del cálculo, de la compatibilidad con Lotus, así como de opciones avanzadas en relación con la categoría General, dentro de las cuales destaca la posibilidad de Modificar listas personalizadas, que constituyen criterios de ordenación y secuencias de relleno:

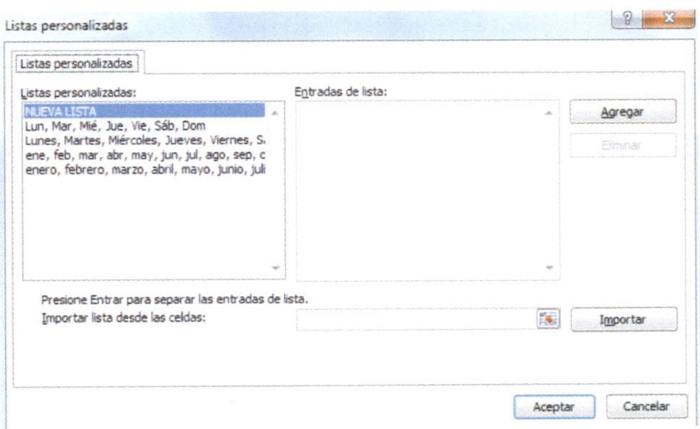

Personalizar *Cinta de opciones*

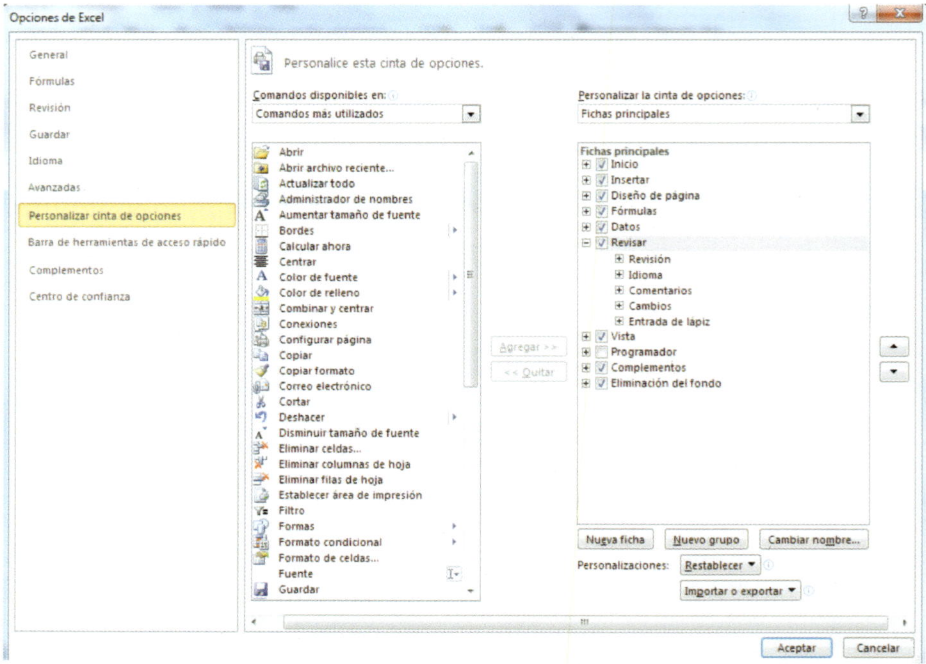

En los desplegables de arriba podemos seleccionar los comandos y fichas que queremos visualizar. Para agregar un comando, tenemos que seleccionar el comando así como la ficha y/o grupo donde queremos situarlo, y, a continuación, hacer clic en “Agregar”. Para eliminar un comando, lo seleccionamos de la columna de la derecha, donde se representa nuestra *Cinta de opciones* actual, y hacemos clic en “Quitar”. También podemos personalizar el sitio que ocupa cada ficha o grupo, a través de los botones con flecha presentes a la derecha de la *Cinta de opciones*.

Además, debajo de la configuración actual de la *Cinta de opciones*, tenemos la posibilidad de crear una “Nueva ficha” o un “Nuevo grupo”, así como de “Cambiar nombre”. Por último podemos “Restablecer” el aspecto estándar, o bien “Importar o exportar” las personalizaciones que hemos realizado.

Barra de herramientas de acceso rápido

Este menú es muy similar al anterior, tanto de imagen como de funcionamiento, si bien, como es lógico, desaparecen las opciones de crear fichas y grupos y modificar su nombre, pues en el Acceso Rápido no existen. Por el contrario se añade la opción de “Mostrar la barra de herramientas de acceso rápido por debajo de la *Cinta de opciones*”.

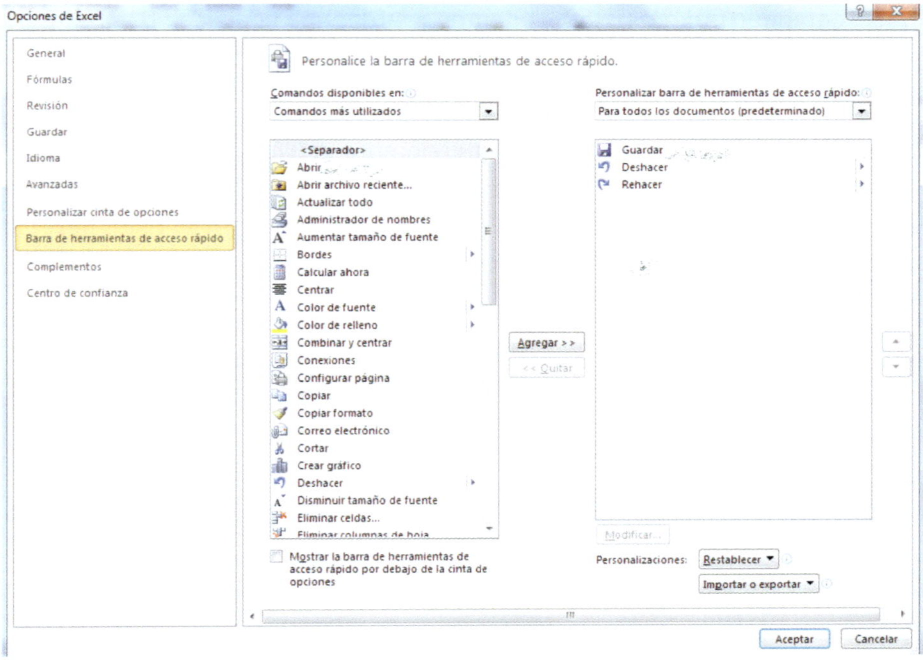

Complementos y centro de confianza

En estas dos categorías podremos ver y administrar los complementos, así como ayudar a mantener los documentos seguros y el equipo protegido, gracias al centro de confianza.

1.7. Gestión de archivos: Grabación de hojas de cálculo en distintos formatos, plantilla y Web incluidos

Una vez visto cómo crear un libro y cómo editarlo, veremos ahora cómo guardarlo, protegerlo, cerrarlo y abrirlo.

Guardar y proteger

Existen dos formas de guardar un archivo o libro, mediante los comandos Guardar y Guardar como. *Guardar*, presente en el Acceso rápido y en la ficha Archivo, es un comando diseñado para ir guardando las modificaciones realizadas en libros que ya se han creado y guardado una vez, es decir, que tienen nombre, de forma que se sobreescribirá el archivo. En el caso de seleccionar *Guardar* y el archivo no tenga nombre, se abrirá el comando Guardar como.

Con el comando *Guardar como* podemos guardar una copia de un archivo sin sobreescribirlo, asignando otro nombre, además de ser el comando que se utilizará para guardar un archivo por primera vez.

En este menú tendremos que indicar el nombre del libro y su tipo de extensión, además de indicar en qué lugar deseamos guardarlo. Si estamos guardando un archivo ya existente, y no modificamos el lugar ni el nombre, lo sobreescribimos, de forma que procederemos de manera análoga al comando Guardar.

Además, tenemos disponibles una serie de ajustes, en el botón Herramientas. Por ejemplo, gracias a las Opciones generales podemos crear copias de seguridad o proteger el libro con una contraseña.

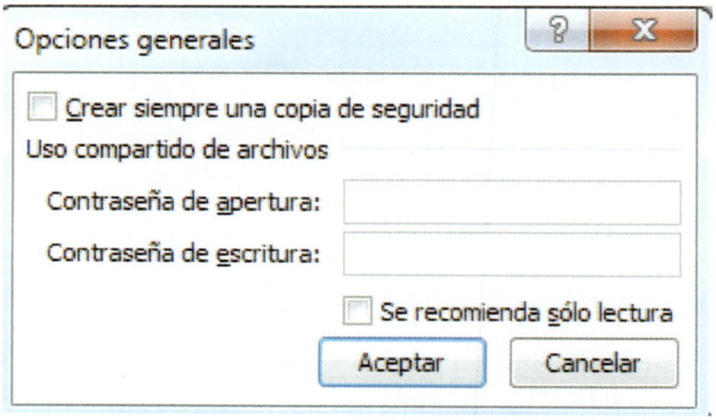

Para proteger un Libro podremos introducir la *Contraseña de apertura*, que se nos pedirá cuando queramos volver a acceder al libro. También podemos incluir una *Contraseña de escritura*, con la que los usuarios podrán acceder a la edición del libro, en modo *sólo lectura* no es necesario conocer la contraseña para abrirla, ya que solo nos permitirá la visualización del documento. También es posible, en este menú, la creación de una copia de seguridad del archivo. Cuando aceptemos los cambios, tendremos que confirmar la clave.

En el caso de querer eliminar una contraseña de un archivo, debemos realizar la misma operación, si bien tendremos que borrar las contraseñas.

Como acabamos de indicar, podemos decidir entre varios tipos de archivo a la hora de guardar el libro.

Así podemos elegir, por ejemplo, entre guardar el libro con la última versión de Microsot Excel® o guardarlo para que sea compatible con versiones anteriores, incluso en formato de Hoja de cálculo libre, también podemos decidir si guardarlo habilitado para macros o no, así como en formatos pdf o xps. Si es-

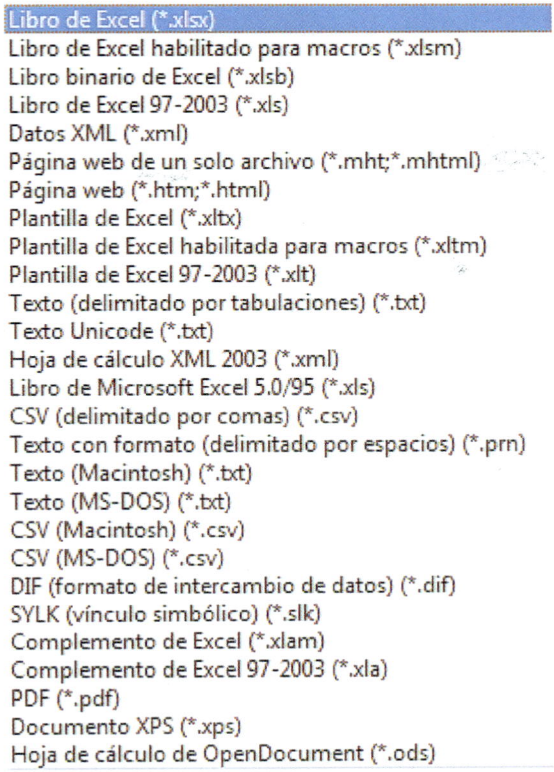

cogemos los formatos pdf o xps, podemos indicar si deseamos guardar el archivo con *Tamaño mínimo* así como otras *Opciones* que hacen referencia a qué partes del libro queremos guardar con estos formatos.

Una opción interesante es la de guardarlo como plantilla, de forma que después podamos usar las fórmulas, formatos y diseños que posee, sin tener que volver a introducirlos. Como plantilla tendrá las extensiones .xltx,, .xltm o .xlt, dependiendo de la compatibilidad y de la habilitación para macros. De forma predeterminada se guardará en el lugar Mis plantillas.

Por último, hablaremos de la opción de guardar como página web. Podemos guardar un libro o una parte del mismo, como página web y publicarla en un sitio. Para ello, en el tipo de Guardar como elegimos la opción *Página web (*.htm;*.html)*. Con el botón *Cambiar título* indicaremos qué nombre se mostrará en la barra de título del navegador. Las distintas opciones de publicación las encontraremos en el botón *Publicar* y en las *Opciones web* del botón *Herramientas*:

En *Publicar* encontramos la opción de elegir qué parte del libro queremos guardar como página web, cambiar el título, escoger en qué ubicación guar-

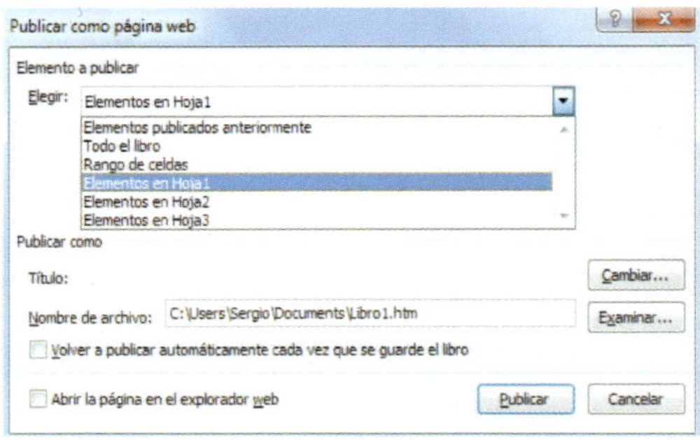

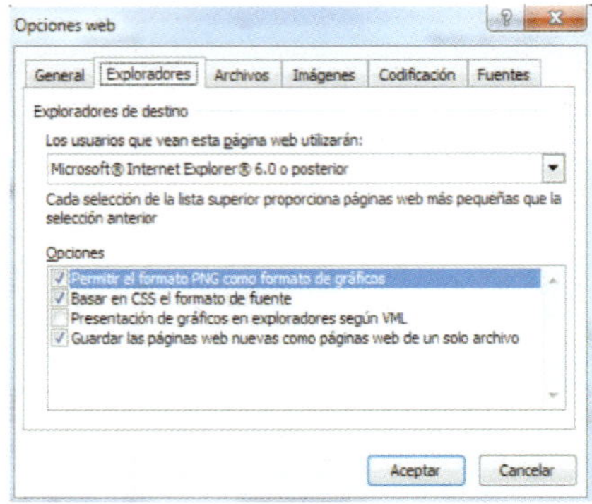

daremos el archivo, automatizar la publicación si realizamos cambios y si queremos visualizarlo en el navegador. En las *Opciones web* tenemos varias pestañas: en *General* tenemos las opciones de compatibilidad, en *Exploradores* elegimos el tamaño del archivo, en función del navegador, así como otras opciones de presentación, en *Archivos* adaptaremos sobre los nombres y ubicaciones de los archivos y si queremos comprobar que Office® es el editor predeterminado, en *Imágenes* elegimos el tamaño del monitor de destino, en *Codificación* podemos cambiar la codificación predeterminada, y en *Fuentes* indicaremos la fuente predeterminada, incluido el juego de caracteres, tipo y tamaño de fuente.

Cerrar y abrir

Para cerrar un libro podemos seleccionar el botón *Cerrar* del *Menú de control* (situado en la parte superior de la interfaz, en ambas esquinas) o bien seleccionar la opción *Cerrar* de la ficha *Archivo*. En el caso de hayamos realizado modificaciones que no hemos guardado, nos aparecerá un menú en el que debemos elegir si *Guardar* las modificaciones, si *No guardar* las modificaciones y conservar el libro en su forma original, o si *Cancelar* la operación de cierre y, así, poder seguir con la edición.

Una alternativa para el cierre es a través de la opción *Salir* de la ficha *Archivo*. En esta ocasión se cerrarán todos los libros que tenemos abiertos, no solo el activo.

Para acceder a un libro que tenemos guardado, tenemos dos posibilidades. Si no tenemos abierto Microsoft Excel®, podemos buscar dicho archivo en el explorador de archivos y, una vez localizado, hacer doble clic en él. Si lo tenemos abierto, iremos a la ficha *Archivo*, comando *Abrir*, de forma que se nos abrirá un explorador de archivos, en el cual buscaremos el libro deseado.

1.8. Impresión de hojas de cálculo

La impresión de las hojas de cálculo presenta características especiales que trataremos a continuación.

1.8.1. Configuración de la impresora

En la ficha *Diseño de página*, grupo *Configurar página*, tenemos disponible un botón desplegable abajo a la derecha que nos presentará todas las características de impresión, divididas en cuatro categorías o pestañas: Página, Márgenes, Encabezado y pie de página y Hoja. En las cuatro pestañas aparecen tres botones en la zona inferior, que nos permiten *Imprimir*, acceder a la *Vista preliminar* y configurar las *Opciones* de nuestra impresora, que dependerán del modelo de la misma.

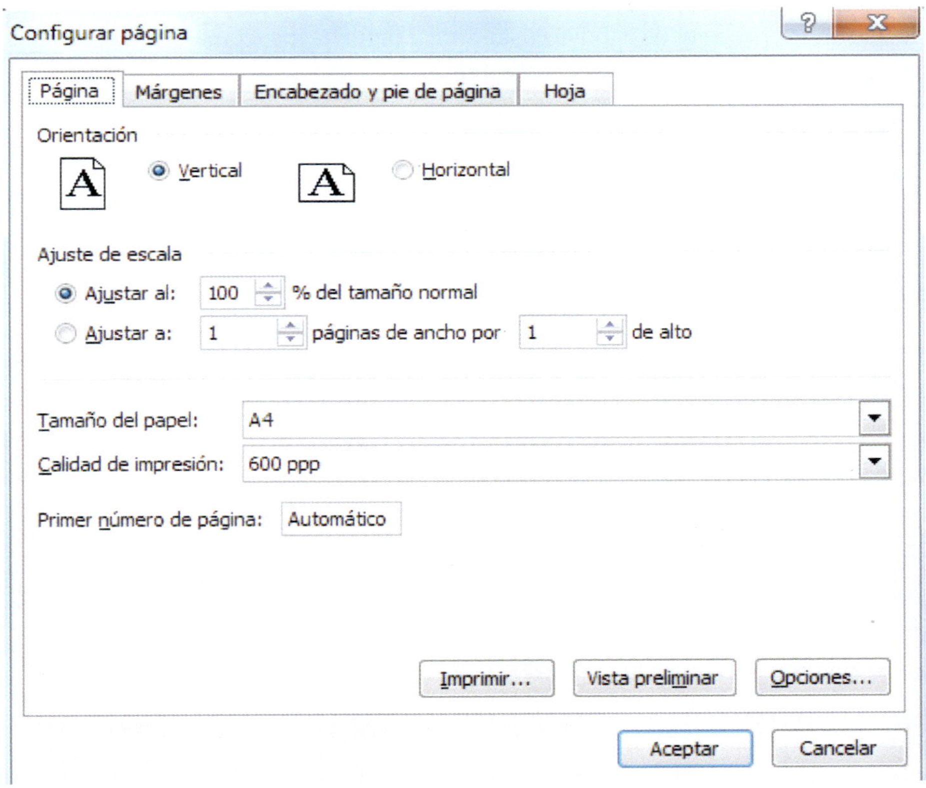

Página

En esta categoría determinamos la orientación del papel, vertical u horizontal, así como el ajuste de escala, bien de forma porcentual o bien determinando en cuántas hojas ha de ser impreso. También definiremos el tamaño de papel y la calidad de impresión. Por último tenemos la posibilidad de indicar qué número tendrá la primera página.

Márgenes

Definimos en esta pestaña los cuatro márgenes del papel, así como la posición del encabezado y pie de página. También podemos indicar si queremos que la hoja de cálculo se centre horizontal y/o verticalmente en el papel.

Encabezado y pie de página

En esta pestaña insertaremos el encabezado y pie de página, predefinido o personalizado; en el caso de perrsonalizar podemos dividir la zona del encabezado o del pie en tres secciones, izquierda, central y derecha, de forma que incluiremos el texto deseado en cada zona, pudiendo insertar fecha, hora, nombre de libro u hoja... Además podemos indicar si queremos que sean distintos en la primera página, en las páginas impares o pares, si los queremos ajustar a la escala del documento y si queremos que se alineen de acuerdo a los márgenes establecidos.

Hoja

En esta categoría determinamos el área de la hoja de cálculo que queremos sea impresa, indicando si queremos que alguna fila y/o columna sean considerados como títulos y, por ello, aparezcan en todas las hojas impresas. Además tenemos opciones de impresión, determinando si queremos que se impriman las líneas de división, los comentarios, los errores de las celdas y los encabezados de filas y columnas, así como si queremos que se imprima en blanco y negro y con calidad normal o de borrador. Por último definiremos el orden de las páginas en el supuesto de imprimir varias en un solo papel, pudiendo ser hacia abajo y luego hacia la derecha o bien hacia la derecha y luego hacia abajo.

En la ficha *Archivo*, comando *Imprimir* tenemos disponible el siguiente menú:

En este menú, además de ordenar *Imprimir* y seleccionar el número de *Copias*, podemos escoger la impresora y definir la configuración de impresión: si imprimir la selección, la hoja, todo el libro o un intervalo de páginas, si queremos intercalar las copias o no, la orientación y el tamaño del papel, los márgenes y si queremos hacer algún tipo de escalado, como ajustar la hoja al papel, asegurarnos de que entren todas las columnas o todas las filas o imprimir en ta-

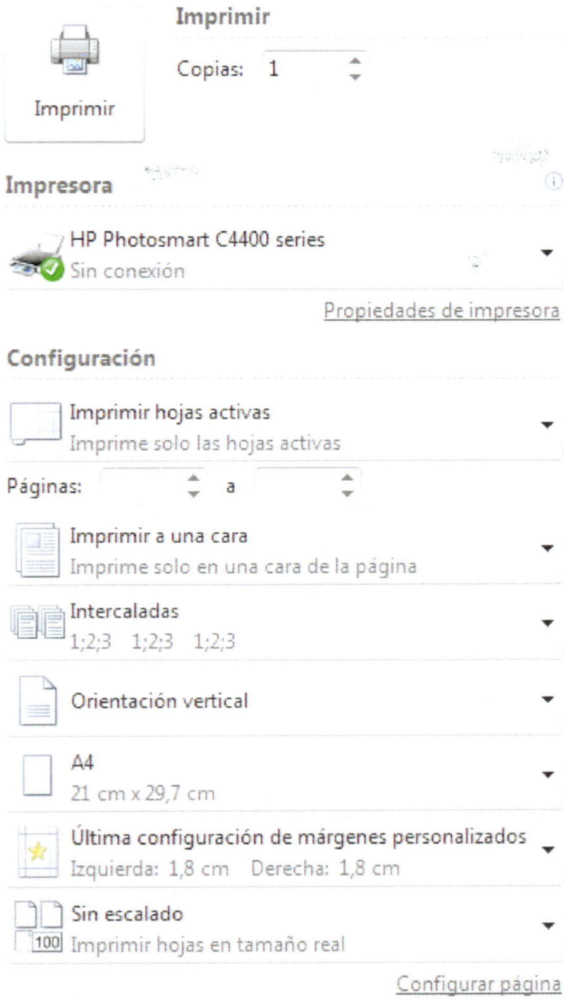

maño real. En la parte inferior está el comando *Configurar página*, que nos mostrará el menú que acabamos de comentar.

A la derecha de este menú estará la Vista Preliminar, en la que podemos seleccionar ver la página completa, con o sin márgenes, y navegar por las diversas páginas a través de las flechas.

1.8.2. Control de impresión y procedimientos de impresión de hojas de trabajo, fórmulas, gráficos y archivos

Durante la edición de la hoja podemos controlar la impresión de varias maneras. Una es a través de la Vista de salto de página (ficha *Vista*, grupo *Vistas de libro*, comando *Ver salt. Pág.*), a través de la cual se muestra, en el Área de trabajo, una vista del trabajo que muestra dónde se interrumpen las páginas en la impresión; estos límites los podremos variar con el ratón, seleccionando el que queremos modificar con el botón principal y, sin soltar el botón, arrastrando hasta la posición deseada.

Una alternativa es a través de las *Vistas personalizadas* (ficha *Vista*, grupo *Vistas de libro*), en las cuales podemos guardar un conjunto de valores de configuración de presentación, como son el ancho de columna, el alto de filas, ocultar filas y columnas, selecciones de celdas, filtros..., y valores de impresión, como por ejemplo los márgenes, el encabezado y pie de página, la configuración de página... Se pueden crear varias vistas personalizadas, pudiendo aplicarse solo una a la hoja activa. Las vistas personalizadas que ya no necesitemos pueden eliminarse.

Durante la edición de la hoja, tenemos a nuestra disposición la posibilidad de insertar saltos de página (ficha *Diseño de páginas*, grupo *Configurar página*, comando *Saltos*), a través de los cuales indicamos el inicio de una nueva página. Hay que tener en cuenta que el salto se insertará encima y a la izquierda de la selección.

La última alternativa de control de impresión que veremos son las **Áreas de impresión** (ficha *Diseño de páginas*, grupo *Configurar página*). Podemos establecer o borrar un área de impresión, que no es más que uno o varios rangos que designamos para que sean impresos, de forma que no se imprime la hoja completa si no solo la parte o partes deseadas. La forma de utilizar este comando es primero seleccionar las celdas o rangos y después establecer el área de impresión, a través del comando Áreas de impresión.

Por último, comentar que para imprimir archivos, hojas de trabajo y gráficos, hemos visto en el anterior apartado que estas opciones se pueden definir en el menú Imprimir de la ficha Archivo. Si queremos que aparezcan las fórmulas en lugar de sus resultados tan solo tenemos que seleccionar el comando *Mostrar fórmulas* (ficha *Fórmulas*, grupo *Auditoría de fórmulas*), o la combinación de teclas CTRL y ` (acento ortográfico izquierdo), para que en nuestro área de trabajo se muestren las fórmulas, de forma que en la vista preliminar y en la impresión también aparecerán las fórmulas en lugar de sus resultados. Para volver a mostrar los resultados seleccionamos el mismo comando, *Mostrar fórmulas*.

1.9. Creación, utilización y asignación de tareas automatizadas

Las tareas automatizadas son un conjunto de instrucciones utilizadas para mecanizar tareas grandes o complejas. Para realizar este conjunto de instrucciones utilizaremos las **macros**. Podemos hablar de tres tipos de macros: *por módulos*, destinadas a crear funciones y procedimientos que no existen en la lista de funciones predeterminadas, *por diálogo*, utilizados para realizar una entrada de datos en formato de ficha, y *por pulsación*, que consisten en grabar una secuencia de pulsaciones realizadas con el ratón, por lo que es similar a una macro de módulo pero sin tener que introducir los códigos. Las dos primeras requieren conocimientos de programación en lenguaje Visual Basic (VBA), por lo que no serán objeto de nuestro de estudio. Las macros por pulsación son las más fáciles, ya que no requieren conocimientos sobre programación, basta con activar la grabación de macros, ejecutar las operaciones pertinentes y finalizar la grabación, de forma que podremos conseguir buenos resultados y realizar acciones bastante complejas.

Hay que tener en cuenta que cuando creamos un documento que contenga alguna macro, esta se almacena junto a él, de forma que dependiendo del tipo de seguridad especificado en el equipo, la macro se ejecutará o no de forma simultánea a la apertura del archivo. Recordemos que las macros son pequeños programas escritos en VBA, por lo que suponen un medio bastante idóneo para la transmisión de los virus.

Para especificar el nivel de seguridad de los archivos que contienen macros tenemos que ir a la ficha *Archivo*, comando *Opciones*. Allí seleccionamos *Centro de confianza* y hacemos clic en el botón *Configuración del centro de confianza*. Se nos abre un nuevo diálogo, en el que seleccionaremos *Configuración de macros* entre las opciones de la izquierda.

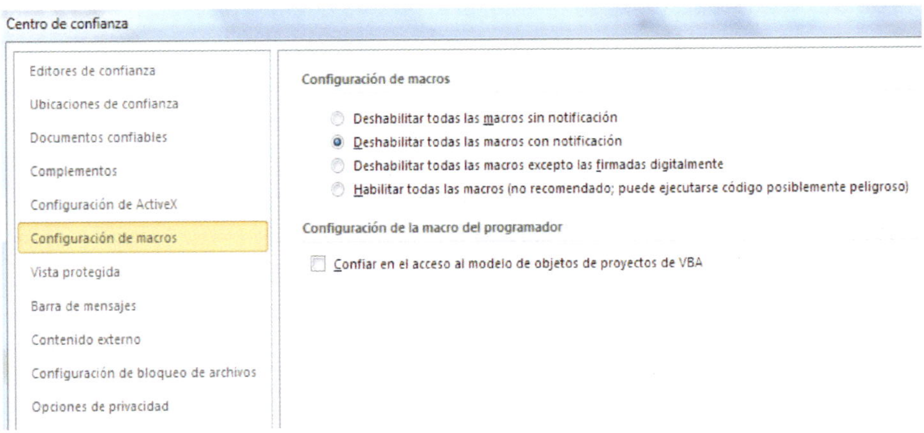

De entre las cuatro opciones de la derecha, la segunda es la más recomendada, ya que nos mostrará un mensaje solicitando nuestro permiso para habilitarlas o no.

Creación

Para crear una macro por pulsación tendremos que ir a la ficha *Vista*, grupo *Macros*, comando *Macros*.

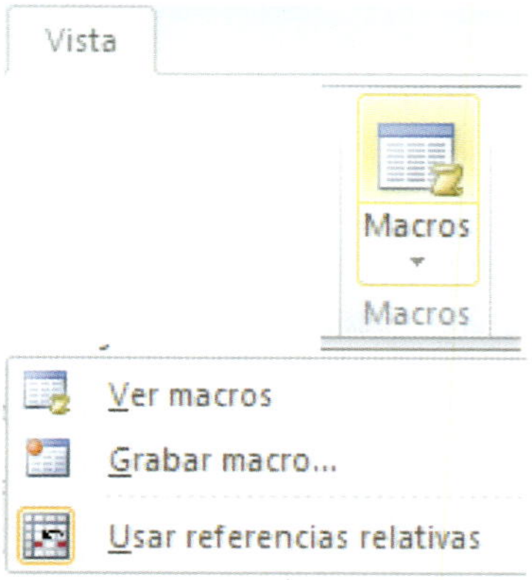

En este menú lo primero que tenemos que seleccionar es si la macro va a grabar las acciones absolutas o relativas a la celda inicial seleccionada, lo cual decidiremos con el comando *Usar referencias relativas*.

Para grabar la macro seleccionamos el comando *Grabar macro*. En el menú tendremos que seleccionar un nombre para la macro, un método abreviado consistente en la tecla CTRL y la tecla que deseemos nosotros, en minúscula o mayúscula, una descripción de la macro que nos ayude a reconocerla y el sitio donde la guardaremos; en el sitio, si elegimos el Libro de macros personal la macro siempre estará disponible, mientras que si seleccionamos Este libro o Libro nuevo y queremos utilizar dicha macro, tendremos que tener abierto el libro donde fue guardada. Una vez seleccionadas las cuatro opciones, pulsamos en Aceptar, de forma que empezará la grabación; en este momento, en la Barra de estado, en su lado izquierdo, aparecerá un botón azul, comando *Detener grabación*, que nos servirá para detener la grabación (este botón también estará disponible en el comando *Macros* de la ficha *Vista*, que aparecerá en el lugar de *Grabar macro*).

A partir de este momento podemos editar la celda, tanto su contenido como su formato, incluso podemos editar otras celdas y rangos, de forma que vamos grabando todas las operaciones que realizamos para que, en un futuro, podamos ejecutar nuestra macro y que se repitan todas las operaciones que hacemos durante la grabación. Cuando acabemos todas las operaciones deseadas, detenemos la grabación con el botón azul o el comando *Detener grabación*.

Utilización

Para ejecutar las macros tenemos que seleccionar el método abreviado que indicamos durante su grabación, de forma que la macro se ejecutará automáticamente.

En el caso de que no nos acordamos del método podemos ir al diálogo de macros, al cual accedemos en la ficha *Vista*, comando *Macros*, seleccionamos la opción *Ver macros*, o bien a través de la combinación de teclas ALT y F8. En este menú lo primero que tenemos que indicar es si queremos ver las macros de algún libro en concreto o de todos los libros abiertos, de forma que aparecerán las macros en el listado superior. En este listado podemos navegar por las distintas macros, de forma que en la parte inferior nos aparecerá su descripción. Una vez elegida la macro deseada tenemos varias opciones a la derecha: para que la macro desarrolle las instrucciones, pulsaremos en *Ejecutar*; con el botón *Paso a paso* la macro se ejecutará instrucción a instrucción, de forma que podemos corregir algún error, si bien se ejecutará en entorno VBA, por lo que necesitaremos conocimientos de programación; el botón *Modificar* nos permite corregir la macro, también en entorno VBA, pero sin ejecutarla; podemos cambiar el método abreviado a través del botón *Opciones*; para eliminar la macro pulsaremos en *Eliminar*. También tenemos la posibilidad de crear una macro nueva desde este menú; para ello escribimos el nombre de la macro y pulsamos en *Crear*, aunque tendremos que crear la macro en entorno VBA. Para salir del diálogo sin realizar ninguna acción, pulsaremos en *Cancelar*.

Otra opción para localizar las macros es personalizar la *Cinta de opciones*, como vimos en el apartado 1.6. Instalación personalizada de una hoja de cálculo. Para agregar nuestras macros en "Comandos disponibles en" seleccionaremos del desplegable la opción *Macros*, de forma que en el listado aparecerán nuestras macros. En la parte derecha creamos un grupo nuevo en la ficha que queramos, situándola donde deseemos. Por último seleccionamos la macro o macros que queremos y las añadimos a nuestro nuevo grupo, de forma que tendremos un comando nuevo en nuestra *Cinta de opciones*.

De forma análoga podemos incluir el comando de Macros en la Barra de herramientas de acceso rápido, de forma que no tengamos que buscar la ficha *Vista* para localizarlo.

Asignación

Otra de las posibilidades que tenemos es ejecutar las macros haciendo clic en una imagen o en una forma.

Para asignar una macro a una imagen o forma lo primero es asegurarnos de tener abierto el libro que contiene las macros. A continuación insertaremos la imagen o forma, a través de la ficha *Insertar*, grupo *Ilustraciones*. Una vez insertada, hacemos clic con el botón secundario del ratón sobre ella y, en el menú contextual seleccionamos *Asignar macro*. En el diálogo que nos aparece podremos seleccionar, de la lista de macros, una macro ya existente, crear una nueva (a través de entorno VBA) o grabar una nueva macro de pulsación, como hemos visto anteriormente, teniendo en cuenta que para estas dos últimas opciones tendremos que indicar el nombre de la nueva macro.

Con esta asignación de la macro lo que conseguimos es poder ejecutar automáticamente la macro, en una celda seleccionada, simplemente haciendo clic con el botón principal del ratón sobre ella.

Test de autoevaluación

1.1. **Indica la afirmación correcta:**

   a. La hoja de cálculo es un programa.

   b. Una hoja de cálculo puede contener varios libros.

   c. Las dos son correctas.

1.2. **Los datos que proporcionan información descriptiva se conocen como:**

   a. Valores.

   b. Rótulos.

   c. Fórmulas.

1.3. **El conjunto de celdas recibe el nombre de:**

   a. Rango.

   b. Bloque.

   c. Los dos anteriores.

1.4. **Para hacer referencia siempre a la misma celda utilizaremos una:**

   a. Referencia absoluta.

   b. Referencia relativa.

   c. Referencia anidada.

1.5. **Para movernos por una hoja, viendo en todo momento unas determinadas celdas, usamos:**

   a. La inmovilización de paneles.

   b. El formato condicional.

   c. Ninguna es correcta.

1.6. **En Microsoft Excel ® 2010 podemos personalizar:**

   a. El cálculo del libro, determinándolo automático o manual, entre otros.

   b. Las fichas, grupos y comandos presentes en la *Cinta de opciones.*

   c. Las dos son correctas.

1.7. **A la hora de guardar un libro, podemos elegir:**

   a. Entre diversos formatos o tipos de archivo.

   b. Proteger el mismo con una contraseña.

   c. Las dos son correctas.

1.8. Para que en la impresión de nuestro trabajo se reflejen las fórmulas y no sus resultados:

a. Acudiremos a la ficha fórmulas.

b. Acudiremos a la ficha archivo.

c. Acudiremos a la ficha vista.

1.9. Las tareas automatizadas o macros más sencillas de realizar son:

a. Macros por módulos.

b. Macros por diálogo.

c. Macros por pulsación.

Actividades de ampliación

1.1. **Teniendo en cuenta los siguientes datos:**

NOMBRE	Exam1	Exam2	Exam3	Trabajo	Clase
David	8	9	7	Bien	Mal
Martín	4	6	5	Muy Bien	Regular
Yago	10	9	10	Muy Bien	Bien
Candela	7	8	5	Bien	Bien
Irene	3	6	5	Regular	Regular
María	8	6	10	Bien	Bien

Para la evaluación de trabajo y clase se utiliza la siguiente correspondencia:

CALIF.	Muy Mal	Mal	Regular	Bien	Muy Bien
Puntos	0,00	0,25	0,50	0,75	1,00

Se pide:

a. Identifica, en la tabla de datos inicial, los distintos tipos de datos.
b. Traspasa los datos a una hoja de cálculo.
c. En una columna a la derecha calcula la nota media de los exámenes.
d. En una siguiente columna convierte la calificación de trabajo en puntos.
e. En la siguiente columna, convierte la calificación de clase en puntos.
f. En una fila a continuación de los datos, calcula la media o la moda, según estimes oportuno.
g. Calcula la nota numérica final, sabiendo que los exámenes suponen el 80% de la nota final, correspondiendo el 20% restante al trabajo y a la participación en clase, a partes iguales. Ten en cuenta que si un examen tiene una nota inferior a 4, el alumno está suspenso, sin derecho a hacer media.

h. Calcula la calificación final, teniendo en cuenta la siguiente tabla de correspondencia:

< 5	< 6	< 7	< 9	< 10	10
Suspenso	Aprobado	Bien	Notable	Sobresaliente	Mat. Honor

i. Destaca en fondo rojo y fuente de color blanco y en negrita las notas de los exámenes que no hacen nota media, así como las notas finales que suponen suspensos.

j. En un rango separado indica cuántos alumnos han obtenido cada calificación final, así como el porcentaje que representan.

Todos los resultados numéricos se presentarán con dos decimales y separador de miles.

1.2. Sabiendo que una empresa puede fabricar indistintamente tres productos, y teniendo en cuenta los siguientes datos:

Producto	Unidades	Coste	Precio
A	100	5	7
B	30	50	500
C	1.000	9	10

Se pide:

a. Calcular el beneficio por producto, así como el beneficio total.

b. ¿En qué producto recomendarías que se centrase la empresa?

c. Si la empresa se centrara en dicho producto, ¿cuál sería el nuevo beneficio?

d. Si los precios cambian a: 50, 75 y 12, respectivamente, vuelve a hacer los cálculos de los apartados anteriores.

2. Técnicas de representación gráfica en documentos

Como hemos visto en la primera parte, Microsoft Excel® es una herramienta de cálculo muy potente, si bien, ese tratamiento de los datos no es el único aporte de una hoja de cálculo. Más allá del almacenamiento, ordenación y operación de los datos, está la necesidad de transmitir los resultados, a un público muy diverso; por ello, resulta muy importante la posibilidad que ofrecen las hojas de cálculo de sintetizar toda la información en representaciones gráficas, facilitando su lectura e interpretación a la mayor parte del público.

Contenido

2.1. Representaciones gráficas

Las representaciones gráficas nos presentan una realidad mediante el lenguaje gráfico.

En una hoja de cálculo podemos utilizar distintas representaciones gráficas, tales como gráficos, organigramas, diagramas, mapas y tablas, que nos permiten sintetizar la información, incluso nos permite su presentación, ya que, en ocasiones, sería imposible su visionado si no fuera a través de una representación gráfica.

Por otro lado, la representación gráfica nos ayudará a entender más sencillamente la información, facilitándonos así la comprensión de la información, gracias a su simplificación de los datos.

Además, la representación gráfica nos facilita la comparación de la información, comparación que haremos de forma visual comparando colores o tamaños, de forma que nos resulta más sencillo y el concepto se instala mejor en nuestra mente.

2.2. Elaboración, legibilidad, representatividad, vistosidad

Para sintetizar una información en una representación gráfica nos tenemos que plantear la ELABORACIÓN de esa representación. Para ello debemos tener en cuenta tres aspectos: legibilidad, representatividad y vistosidad.

Legibilidad

Con legibilidad nos referimos a la facilidad para leer o percibir una representación, no a la facilidad para comprenderlo, es decir, facilidad para captar el mensaje, no para entenderlo. Por supuesto, la legibilidad de un mensaje puede influir en su comprensión.

Lo primero que tenemos que tener en cuenta es el medio al que va destinado la representación, no es lo mismo que sea impreso en papel que proyectado en una pantalla. A partir de ahí nos deben preocupar factores como el tipo de fuente, el tamaño de letra, el uso de mayúsculas o minúsculas, el interlineado, la justificación o alineación, el formato personalizado de texto (como negrita, cursiva...) y el contraste entre la letra y el fondo

Representatividad

No todas las representaciones gráficas están indicadas para todos los conjuntos de datos. Por ello resulta muy importante seleccionar la representación gráfica más adecuada a los datos que tenemos.

Vistosidad

Una de las características de las representaciones gráficas es que ayudan al lector a captar el mensaje. Cuanto más vistosa sea la representación, es decir, cuanto más llamativa, más atraerá la atención del lector. Hay que tener cuidado con la vistosidad, para no provocar el efecto contrario, es decir, que el lector capte como estridente algo que nosotros planteamos como vistoso, provocando el rechazo y la no captación de su atención.

Para la vistosidad de gráficos y tablas disponemos de herramientas como los bordes, los sombreados y los colores de las tramas, de los efectos de relleno y de los tipos de fuente. También podemos utilizar imágenes o formas para dar una mayor vistosidad.

2.3. Gráficos

Los gráficos hacen más sencilla la interpretación de los reultados y de los datos, gracias a su representación visual, por ejemplo mediante líneas, barras o círculos, de los datos, que normalmente tenemos en filas y columnas.

2.3.1. Elementos presentes en los gráficos

Para ver los elementos de un gráfico, veremos un ejemplo:

A

Año	Ventas	Compras
2010	100	25
2011	80	35
2012	60	55
2013	45	60
2014	75	80

El gráfico se construye a partir de unas celdas, los **Datos de origen** (A). El gráfico puede tener un **Título** (B), y en él podemos diferenciar dos grandes áreas: el **Área de trazado** (C), que es el cuadro interior donde se muestran las representaciones de los datos, y el **Área del gráfico** (D), que es toda la ventana del gráfico (en el ejemplo excluiríamos los datos de origen). El Área de trazado puede estar dividido con líneas, de forma que la interpretación del gráfico sea más sencilla gracias a las **Líneas de división**.

Otros elementos que podemos encontrar son: la **Leyenda** (F), rótulos que identifican las series con colores, y los ejes, el **Eje Y o de valores** (E) y el **Eje X o de categorías** (H), que son los ejes vertical y horizontal, respectivamente. Las líneas de división que citamos antes, pueden ser de cualquiera de los dos ejes, que al cruzarse entre ellas reciben el nombre de **Lineas de la cuadrícula**. Los ejes, además, pueden tener un **Rótulo**, añadiendo una etiqueta a cada eje.

También tenemos los datos, representados en **Series** (G). Las series se representan por la forma geométrica elegida, pero también se les puede añadir **Etiquetas de los datos**, de manera que también se muestra el valor de forma numérica.

Todos los textos que introducimos pueden ser formateados a nuestro gusto, eligiendo sus **fuentes** así como otras características, lo mismo que cualquier texto.

2.3.2. Reglas para la elaboración de gráficos

Antes de realizar un gráfico, debemos ser conscientes de los datos con los que contamos y qué es lo que queremos transmitir. De esta forma tendremos más claro qué **tipo de gráfico** tenemos que elegir.

Además del tipo de gráfico tenemos que preguntarnos qué **datos** vamos a utilizar y qué información vamos a incluir en el gráfico, de forma que sabremos qué **elementos** van a aparecer en nuestro gráfico.

Así pues, tipo de gráfico, datos y elementos del gráfico serán las tres variables que tenemos que organizar previamente, sin olvidar las variables vistas en el apartado 2.2. Elaboración, legibilidad, representatividad, vistosidad.

Ante todo, no debemos olvidar la finalidad del gráfico, que es presentar una información de forma simplificada, que ayude a comparar, sin distorsionar lo que dicen los datos, de forma que el gráfico cumpla con su próposito de descripción, exploración...

2.3.3. Configuración y modificación de los elementos

Los elementos de un gráfico los podemos configurrar mediante la creación de una plantilla de gráfico o bien los podemos modificar, a través de las fichas que nos aparecen en la *Cinta de opciones* al seleccionar el gráfico. Estas mosdificaciones las veremos en el apartado 2.3.6. Modificación del gráfico.

2.3.4. Tipos de gráficos

Veremos a continuación los distintos tipos de gráfico que tenemos en el grupo *Gráficos* de la ficha *Insertar*.

Columna

Representan a través de columnas verticales los valores de varias categorías, facilitando su comparación. Podemos elegir entre representar los valores, su contribución al total o esta contribución en porcentaje. Hay distintas formas de columnas para elegir.

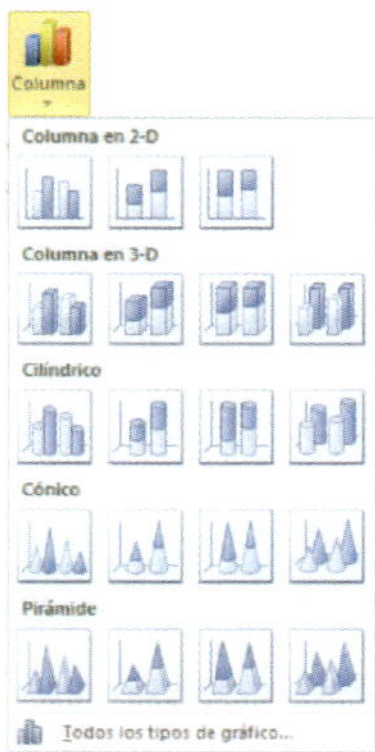

Línea

Son gráficos utilizados para representar tendencias en el tiempo, es decir, cómo varía una variable a lo largo del tiempo. Al conjunto de datos de una variable se le llama serie. Con estos gráficos podemos representar varias series, de forma que nos permite comparar la tendencia o evolución de varias variables. Podemos representar la tendencia individual, apilada o bien apilada en referencia al 100 %.

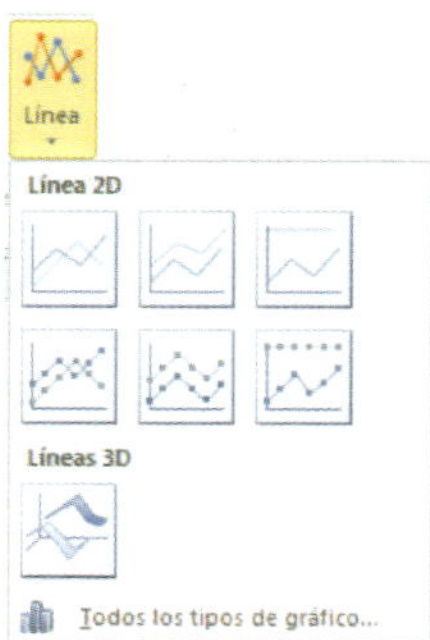

Circular

En este gráfico se muestra la contribución de cada valor al total. Se utiliza cuando se pueden agregar valores a la serie o cuando tenemos una serie con todos los valores positivos. Tenemos las posibilidades de enfatizar los valores individuales y de extraer algunos valores, bien por ser porcentajes muy pequeños o bien para enfatizar sobre ellos. Solo admite una serie.

Barra

Gráfico similar al de columna, si bien los valores se representan a través de barras horizontales.

Área o superficie

Estos gráficos muestran las diferencias entre distintos conjuntos de datos en un período de tiempo. Podemos elegir entre mostrar la tendencia de valores en el tiempo u otras categorías, mostrar la tendencia de la contribución de cada valor a un total o mostrar esta contribución en porcentaje.

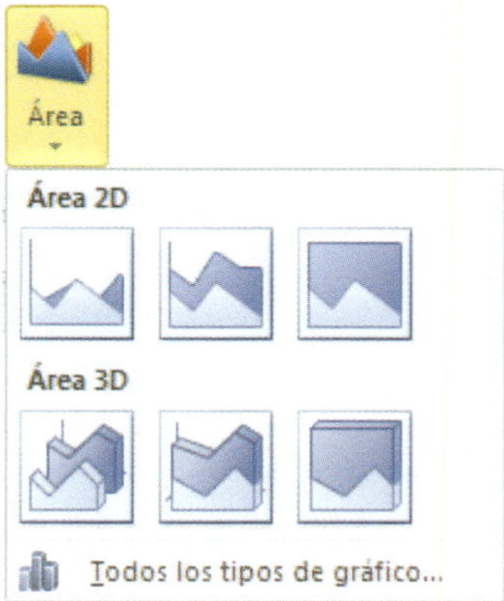

Dispersión

También conocidos como gráficos XY, comparan pares de valores, es decir, valores de dos variables de forma conjunta. Entre las opciones que existen se diferencian los tipos según haya muchos o pocos datos y según formen una función o supongan datos separados.

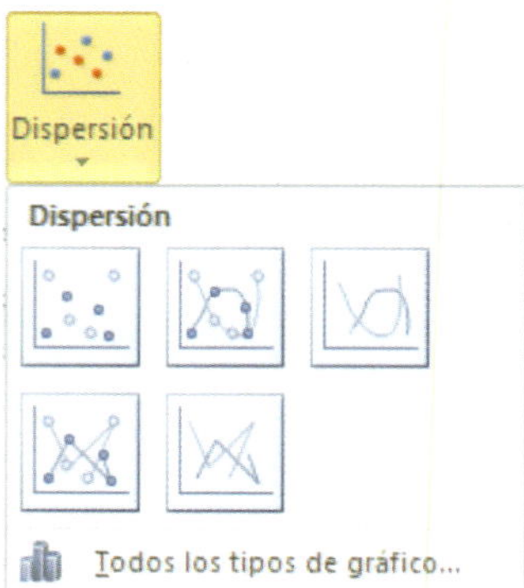

Otros

Cotizaciones

Este gráfico muestra la fluctuación de una variable. Se necesitan 3, 4 ó 5 series de valores que, en orden, son: volumen, abrir, alto, bajo y cerrar.

Superficie

Se muestran las tendencias en valores entre dos dimensiones en una curva. Tenemos que elegir si los datos se superponen y si queremos ver el plano en tres ejes o visto desde arriba. Los colores se utilizan para distinguie valores, no series como en otros gráficos.

Anillo

En estos gráficos se muestra la contribución de un valor a un total, como en un gráfico circular, si bien puede contener varias series. Tenemos la opción de resaltar valores individuales.

Burbuja

Similar a un gráfico de dispersión, pero con tres variables, siendo el tercer valor el indicativo del tamaño de la burbuja.

Radial

También conocido como gráfico de radar, de estrella o de araña. Muestra valores relativos a un punto central, siendo útil cuando las categorías no son comparables entre sí. Tenemos la opción de añadir marcadores o relleno.

Entre los tipos de gráficos también nos podemos encontrar otros nombres, si bien ello no implica que no estén incluidos en el grupo anterior o que se puedan realizar con los gráficos vistos.

Por ejemplo tenemos los **histogramas**, que son gráficos de columna que representan frecuencias; ahora bien, tenemos otra posibilidad de realizar un histograma: una vez agrupados los datos, en un rango nuevo quitando los duplicados (con el comando disponible en la ficha *Datos*), tenemos que ir a la ficha *Archivo*, comando *Opciones*, y allí seleccionar *Complementos* y después *Complementos de Excel*, para activar las *Herramientas para análisis*; de esta forma en la ficha *Datos* nos aparecerá el grupo *Análisis*, con el comando *Análisis de datos*, que si ejecutamos nos mostrará un menú en el cual debemos escoger *Histograma*.

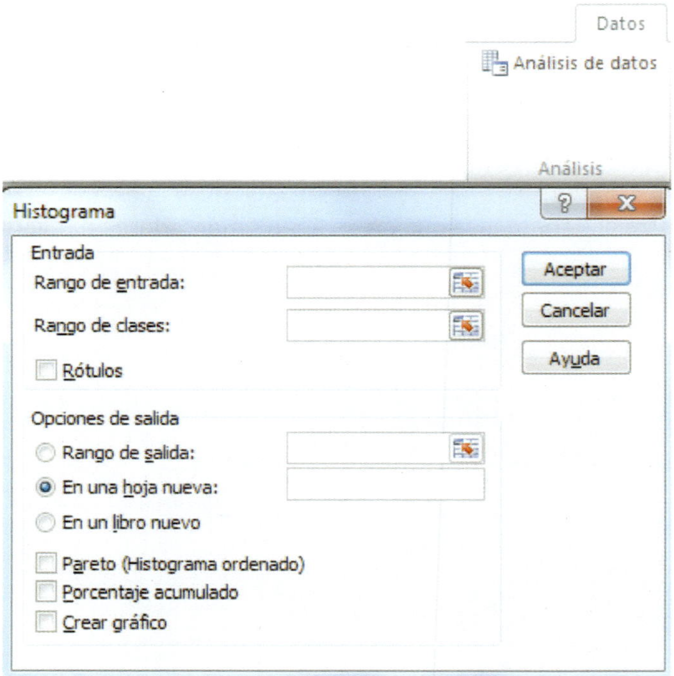

Como Rango de entrada introducimos el rango de valores original, mientras que en Rango de clases indicamos el rango que hemos creado sin duplicado. Por último seleccionamos la opción Crear gráfico, de forma que obtendremos un gráfico que incluirá unos datos de origen que son las clases y frecuencias.

Otro gráfico es el de **polígonos** o **polígono de frecuencia**. Se trata de un gráfico que se utiliza con variables cuantitativas, que muestra sobre una línea las frecuencias, línea que al juntarse con el eje forma un polígono. Para realizar este gráfico de una manera sencilla podemos partir del histograma y, una vez realizado el histograma, cambiamos el tipo de gráfico, mediante el comando del menú contextual del botón secundario del ratón o mediante el comando presente en *Diseño*, ficha contextual de gráficos, donde escogemos un gráfico de línea.

Podemos querer realizar una gráfica de **ojiva**. Este gráfico permite ver cuántas observaciones se encuentran por encima o debajo de ciertos valores, en lugar de exhibir solo los números asignados a cada intervalo, de forma que es similar a un polígono de frecuencias pero que se obtiene de aplicar parcialmente la misma técnica. Para su elaboración en Microsoft Excel® podemos partir del histograma y cambiar el tipo de gráfico a línea con marcadores.

En las barras, columnas, líneas y demás elementos representativos de los valores en las gráficas podemos incorporar texturas o imágenes distintas, de forma que realizaremos los conocidos **pictogramas** o **gráficos de elementos**. Para ello, seleccionamos la representación de la serie, y en el menú contextual del botón secundario del ratón elegimos *Dar formato a serie de datos* (también disponible en *Formato*, ficha contextual de los gráficos, donde tendremos que desplegar el grupo *Estilos de forma*). Una vez en este menú elegimos el *Relleno* o *Relleno de marcados*, dependiendo de si estamos trabajando con figuras o con marcadores de líneas; por último escogemos una imagen en *Relleno con imagen o textura*.

Podemos realizar distintos tipos de planning, como son los ciclogramas, el diagrama de Gantt o los diagramas de flujo.

Otra gráfica es la **representación de grafos, sectores** o **ciclograma**, gráficas que permiten el control de los tiempos. Para su elaboración podemos acudir a los gráficos de línea o a los radiales, o bien utilizando los *SmartArt*, comando presente en el grupo *Ilustraciones* de la ficha *Insertar*. De la misma manera podemos incorporar un gráfico **de movimiento**, que muestra las fases de un proceso. En concreto el SmartArt está indicado para la representación de grafos y el gráfico de movimiento.

Para realizar un **diagrama de Gantt**, que es una herramienta que nos permite visualizar la secuencia de actividades de un proyecto, partiremos de un gráfico de barras, construido con la series de inicio y duración de las fases, incluyendo como rótulos el nombre de las fases. En el menú contextual del eje vertical elegimos *Dar formato a eje*, y dentro del menú seleccionamos la opción *Categorías en orden inverso*. En el menú contextual de las barras de la primera serie elegimos *Dar formato a series de datos*, y dentro del menú, en la opción *Relleno* seleccionamos *Sin relleno*; eliminamos la leyenda. Para quitar el espacio libre a la izquierda de las barras que muestran la duración, tenemos que adecuar el eje horizontal, para lo cual vamos a la primera fecha, en el menú contextual elegimos *Formato de celda*, y en la pestaña *Número* seleccionamos, de forma temporal, *Número*, para observar la cifra que aparece en la *Muestra*, cifra que anotamos para después cerrar la ventana, cancelando el cambio de formato; seleccionamos las etiquetas del eje horizontal, mostramos el menú contextual y vamos a *Dar formato a eje*, donde en *Opciones del eje*, marcamos en *Mínima* un valor fijo, la cifra que anotamos antes, de forma que así eliminamos el espacio en blanco a la izquierda de las barras, pero antes de cerrar el menú, modificaremos las etiquetas del eje horizontal, para lo cual vamos a *Número* y seleccionamos la categoría *Personalizado*, donde introducimos el *Código de formato* "dd/mm" y pulsamos Agregar, de forma que visualizaremos las fechas sin los años en el eje horizontal. Cerramos el menú, aceptando los cambios, de forma que ya tendremos nuestro diagrama de Gantt.

Otro gráfico interesante es el **diagrama de flujo** o **de Pert**, diagrama que analiza las tareas de un proyecto, en concreto los tiempos para completar las tareas y el proyecto. Para realizar un diagrama de flujo en Excel acudiremos a los *SmartArt*, comando presente en el grupo *Ilustraciones* de la ficha *Insertar*. En el menú *Elegir un gráfico SmartArt*, seleccionamos *Proceso*, para escoger en el lado derecho el gráfico que más se adecúe.

Por último, las últimas versiones de Microsoft Excel® incorporan un nuevo tipo de gráfico, los **Minigráficos**. Estos son pequeños gráficos que muestran la tendencia de una serie de datos en una sola celda. Para su creación, podemos seleccionar o los datos o la celda de destino del minigráfico, selección que podemos modificar después; a continuación hacemos clic en el tipo que queramos dentro del grupo *Minigráficos* de la ficha *Insertar*, obteniendo un cuadro de diálogo en el que tenemos que seleccionar los datos y la ubicación:

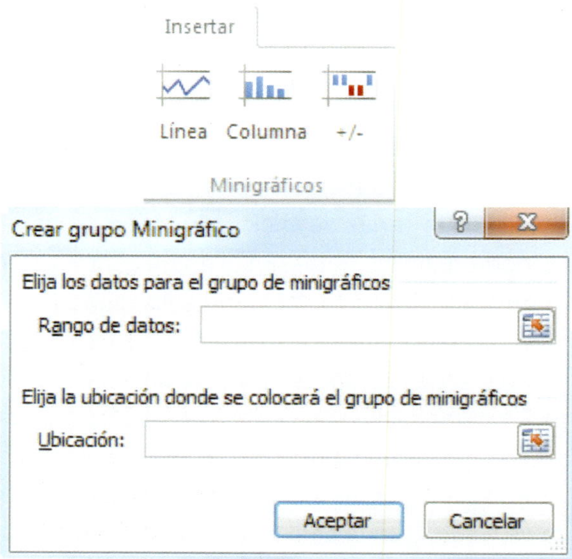

Si tenemos varias series de datos adyacentes, podemos generar varios gráficos de dos maneras: generando uno y copiando y pegándolo a las celdas adyacentes, o bien seleccionando todas las series al principio e indicando todas las celdas de minigráficos.

Una vez creado, si seleccionamos el minigráfico aparecerá la ficha contextual *Diseño*, donde podemos modificar los datos de origen, el tipo de minigráfico, elementos a mostrar, el estilo o decidir su eliminación o borrado.

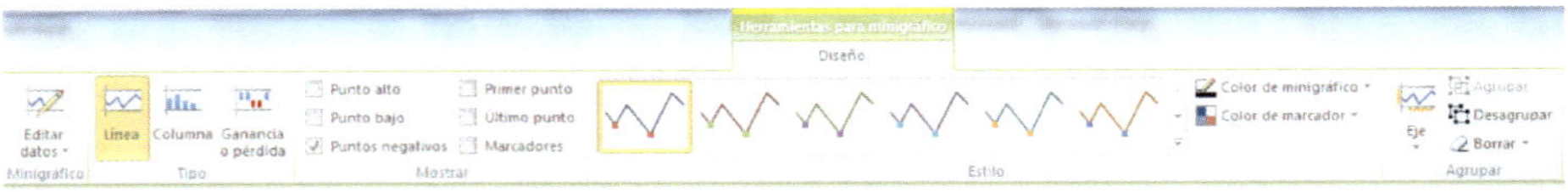

2.3.5. Creación de un gráfico

El primer paso para crear un gráfico es tener claro lo que queremos transmitir, de forma que podamos ordenar los datos en filas y columnas de forma adecuada, para que el programa los pueda interpretar, y elegir el tipo de gráfico que más se ajusta a nuestro objetivo.

En anteriores versiones existía un asistente con cuatro pasos, en los que elegíamos: tipo de gráfico, datos de origen, opciones de gráfico (donde especificábamos detalles sobre el aspecto) y ubicación del gráfico.

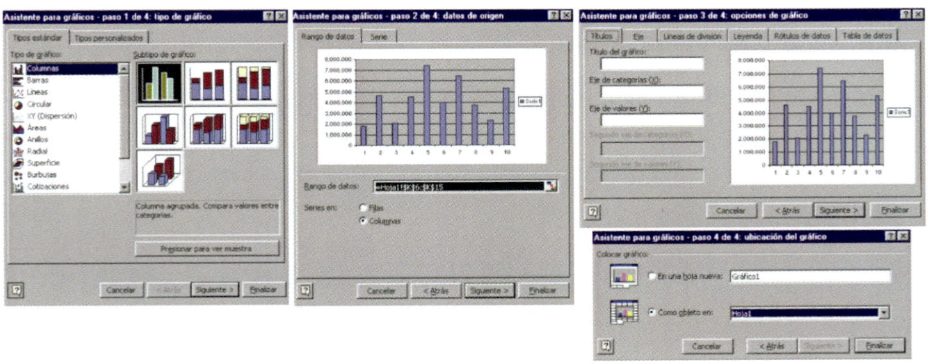

La creación de gráficos en Microsoft Excel® 2010 se ha simplificado mucho. Para crear el gráfico tan solo tenemos que ir al grupo *Gráficos* de la ficha *Inserta* y seleccionar el tipo y el gráfico concreto que deseamos, bien haciendo clic sobre él o bien haciendo clic en Aceptar si estamos en el menú *Insertar gráfico*. De esta forma, si hemos seleccionado el rango de datos aparecerá un cuadro que contendrá el gráfico, mientras que si teníamos activa una celda vacía, aparecerá un cuadro en blanco.

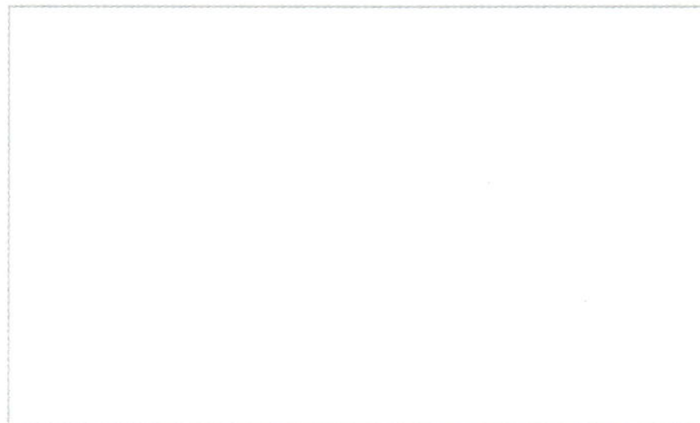

Haciendo clic en el cuadro del gráfico, nos aparecerán tres fichas contextuales en la *Cinta de opciones*: Diseño, Presentación y Formato, en las cuales tenemos todos los comandos necesarios para introducir, si el cuadro está en blanco, o modificar, si el cuadro contiene un gráfico, el tipo de gráfico, los rangos de datos, las opciones del gráfico y la ubicación del gráfico. Veremos en el próximo apartado cómo utilizar estos menús.

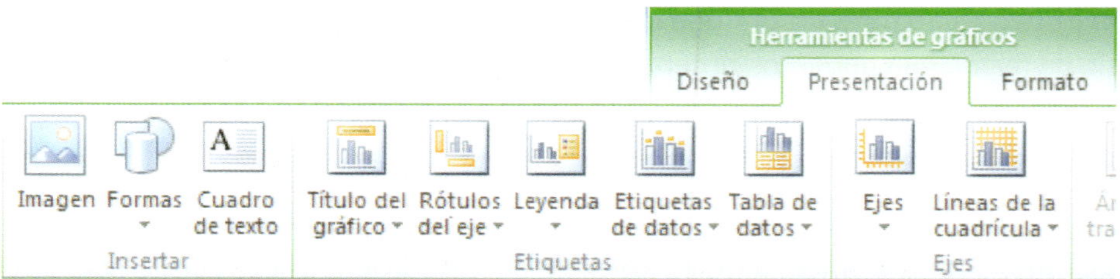

2.3.6. Modificación del gráfico

Vamos a ver las distintas posibilidades que nos ofrece el grupo de fichas contextuales de gráficos, *Herramientas de gráficos*, opciones que nos sirven tanto para la creación de un gráfico, si lo hemos creado en blanco, como para la modificación de un gráfico existente.

Empezamos por la primera ficha, *Diseño*.

En el grupo *Tipo* tenemos la posibilidad de *Guardar como plantilla* el modelo de gráfico, para así tener disponibles las configuraciones personales en un futuro; para ello tan solo tenemos que elegir con qué nombre y dónde guardarlo, si bien el lugar que nos ofrece por defecto el programa es la carpeta de plantillas del mismo. Además, en este grupo tenemos acceso al menú que contiene todos los tipos de gráfico, incluidas nuestras plantillas personales, de forma que lo podemos cambiar.

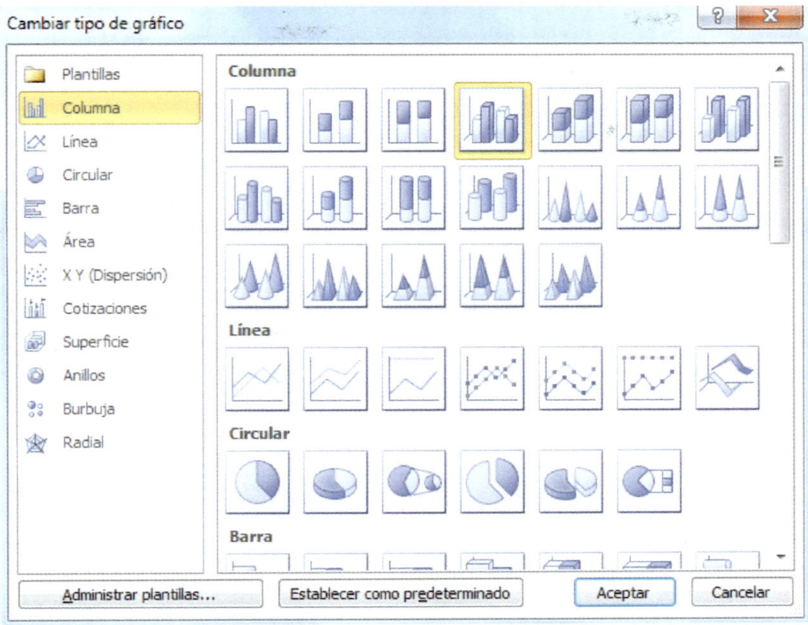

En el siguiente grupo, *Datos*, la primera posibilidad que tenemos es la de darle la vuelta al gráfico, es decir, *Cambiar entre filas y columnas*. La siguiente opción que nos encontramos es muy interesante, *Seleccionar datos*, a través de la cual podemos seleccionar los datos de origen o modificarlos, eliminando o agregando series así como eligiendo la longitud de las mismas.

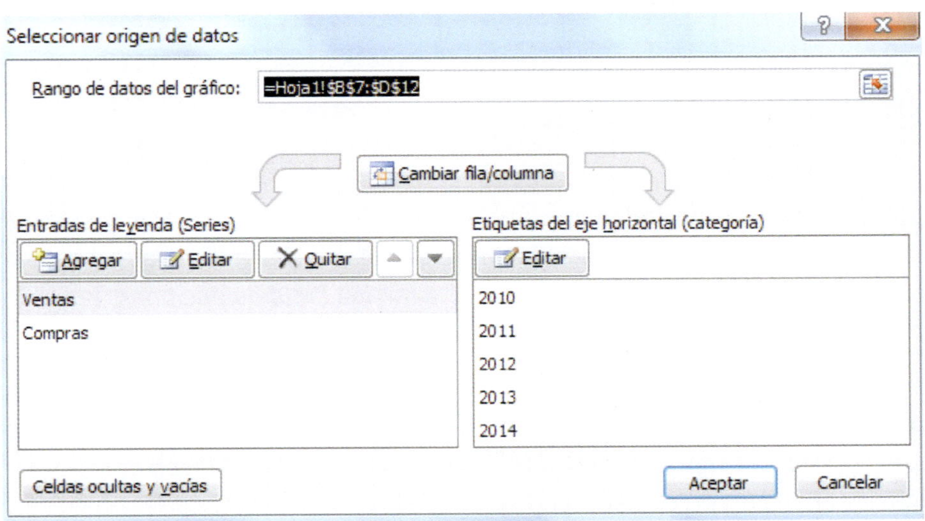

En este menú la primera acción a realizar es elegir el rango de datos del gráfico, que bien podemos escribir o seleccionar con el ratón, para lo cual tenemos que pulsar en el icono de la derecha, el que representa una hoja con una flecha. A continuación volvemos a tener la posibilidad de cambiar las filas por columnas y viceversa. En las series seleccionamos los valores que queremos representar en el gráfico: tanto en Agregar como Editar obtenemos un menú en el que tenemos que indicar el nombre de la serie, bien escribiéndolo o bien seleccionando la celda que contenga el mismo, y el rango de datos de la serie. Para eliminar una serie, hacemos clic encima de ella y pulsamos Quitar. En el cuadro de las Categorías, si pulsamos en Editar nos aparecerá una ventana en la que tenemos que indicar el Rango de rótulos del eje. La última opción que tenemos es la de las Celdas ocultas y vacías, donde indicaremos si queremos que el gráfico no muestre las celdas vacías o las muestre como cero, en el caso de gráficos de líneas si queremos que una la línea, obviando que una celda está vacía, y si queremos que muestre o no las celdas ocultas.

El siguiente grupo es el de *Diseños de gráfico*. Si lo desplegamos obtenemos varias alternativas de diseño predefinidas, de forma que podemos seleccionar de forma rápida configuraciones como la leyenda de datos, el título o el cuadriculado del área de gráfico.

En el siguiente grupo podemos elegir entre distintos *Estilos de diseño*, que básicamente hacen referencia al conjunto de colores del gráfico, que visulizamos de forma previa y esquemática en la misma *Cinta de opciones*. También podemos desplegar el grupo para ver más alternativas de estilos.

En el último grupo, *Ubicación*, nos encontramos con el comando *Mover gráfico*, gracias al cual indicaremos si el gráfico se ha de incorporar como un objeto en una hoja o ha de estar solo en una hoja nueva, siendo una opción muy interesante para su presentación e impresión.

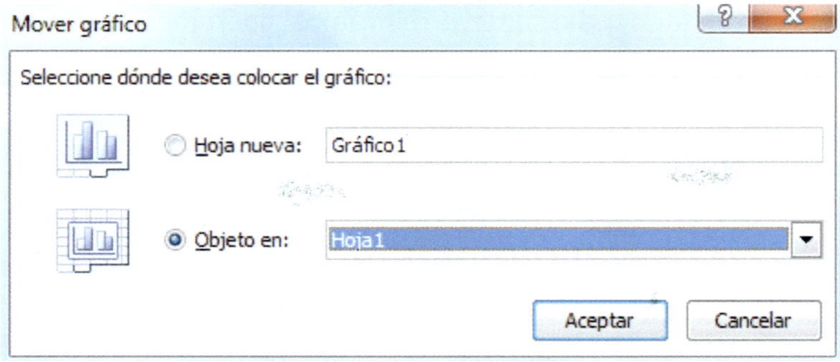

La siguiente ficha que nos encontramos es *Presentación*.

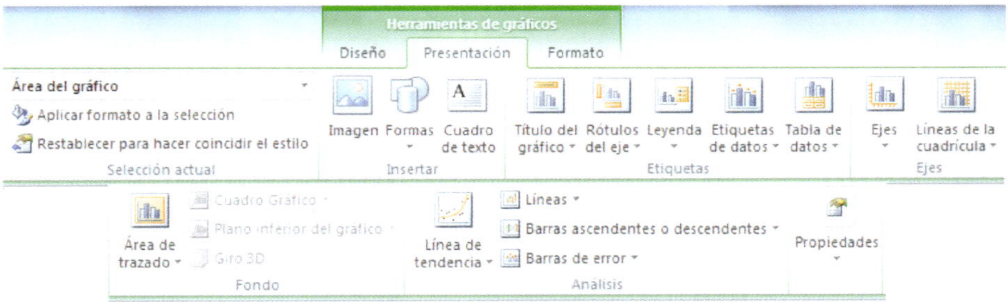

En el grupo *Selección actual* podemos elegir entre seleccionar el gráfico o los distintos elementos que lo componen, mediante el desplegable superior. Con el comando *Aplicar formato a la selección* obtenemos el cuadro de diálogo de formato para el elemento seleccionado, donde modificaremos el relleno, bordes, formato 3D, sombras, tamaño, iluminación y propiedades propias de cada elemento; para cambiar la fuente y su tamaño, tenemos que acudir al menú contextual del botón secundario del ratón, haciendo clic en el elemento que queremos modificar.

En el grupo *Insertar* tenemos la posibilidad de insertar imágenes, formas y cuadros de texto.

En el grupo *Etiquetas* seleccionamos si queremos que se muestren las etiquetas o nombres de los distintos elementos, indicando además el lugar donde queremos que se muestre. Así podemos mostrar o no el título del gráfico, los rótulos o títulos de los ejes, la leyenda del gráfico, etiquetas con los valores de los datos e, incluso, si el gráfico incorporará una tabla con los datos de origen. Recordemos que cada elemento del gráfico se puede considerar como un objeto, de forma que cuando seleccionamos un objeto aparece remarcado por un rectángulo con una serie de círculos y cuadraditos, a través de los cuales podemos modificar el tamaño del elemento, y de líneas que los unen, donde si pinchamos con el ratón y, sin soltar, arrastramos, podremos mover el elemento y situarlo en el lugar deseado.

En el siguiente grupo, *Ejes*, indicaremos cómo se muestran los ejes, en cuanto a unidades y sentido o dirección, y tendremos acceso al menú de formato de los ejes. Además, en el segundo comando, decidiremos si se muestra cuadrícula y cómo se muestra.

En el grupo *Fondo* decidimos acerca del fondo del área de trazado, pudiendo presentarlo con relleno o sin él, y del área del gráfico, disponible solo en gráficos en 3D, en los que podemos modificar la apariencia del cuadro del gráfico, del plano inferior y del giro 3D.

El grupo de *Análisis* nos permite agregar una línea de tendencia al gráfico así como agregar barras de error. Además, en gráficos con líneas podemos agregar otras líneas, como las de unión, las superiores o las inferiores, o agregar barras ascendentes o descendentes.

En el último grupo, *Propiedades*, cambiaremos el nombre del gráfico, es decir, el nombre que le damos al objeto gráfico, no el título del gráfico que aparece en el mismo.

La tercera y última ficha es la de *Formato*, en la cual tenemos, por grupos, las distintas opciones de modificar cada elemento, cambiando su estilo, que visualizaremos de forma esquemática en la propia *Cinta de opciones*, pudiendo aplicar estilo de WordArt a los textos, así como acceder a los menús de formato de cada elemento. En el caso de seleccionar el gráfico completo, podemos variar su tamaño y su organización, dentro de la hoja, colocándolo delante o detrás de otros objetos o alineándolo con los mismos, incluso podemos agrupar varios objetos para moverlos y modificarlos de tamaño de forma conjunta.

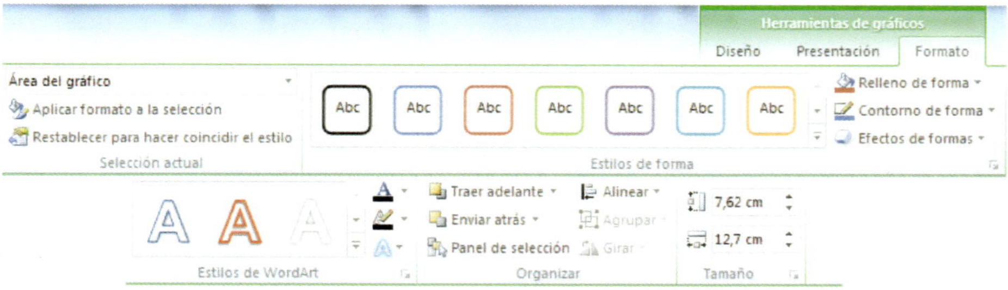

2.3.7. Borrado de un gráfico

El borrado de un gráfico es muy sencillo, tan solo tenemos que seleccionarlo y pulsar la tecla SUPR o la tecla de RETROCESO. De la misma manera podemos proceder con cada elemento del gráfico.

2.3.8. Integración de gráficos en documentos

Normalmente los gráficos se incluyen en documentos, de forma que no aparecen solos, si no que van acompañados de textos que los explican y comentan. Para elaborar estos documentos tenemos que trasladar los gráficos realizados en Microsoft Excel®, es decir, hay que integrar los gráficos en los documentos.

El gráfico puede incorporarse en los documentos de dos formas: con su formato o como imagen. Esta integración la trataremos en el apartado 2.6. Procedimientos de integración de representaciones gráficas en documentos. Una vez insertado tenemos que modificar su tamaño y su posición en el texto, para una correcta visualización, tanto del gráfico como del texto.

2.4. Elaboración de organigramas, diagramas y mapas

Existen unas representaciones gráficas un tanto especiales, ya que se realizan sin la necesidad de una tabla de datos, se tratan de los organigramas, diagramas y mapas en general. Estas representaciones las haremos, al igual que los diagramas de flujo y los ciclogramas, utilizando los *SmartArt*, comando presente en el grupo *Ilustraciones* de la ficha *Insertar*.

Es necesario seguir pensando como con los gráficos, los mapas son ilustraciones que han de ayudar a transmitir información, por lo que hemos de poner mucho énfasis en su legibilidad, representatividad y visualidad, teniendo especial cuidado con el texto que introducimos, pues si es mucho puede llegar a modificar la forma. También recordamos que, al igual que con los gráficos, la operativa de los SmartArt, de los organigrmas y diagramas, ha cambiado mucho con respecto a anteriores versiones de Microsoft Excel®, en las cuales se incluían barras de herramientas para organigramas y diagramas, mientras que ahora se incluyen en los SmartArt, aumentando las características que les podemos atribuir así como facilitando la operativa.

2.4.1. Organigramas

Un organigrama es la representación gráfica de la estructura de una empresa u organización. Representa los departamentos, incluyendo, en ocasiones, las personas que los dirigen, y presentan de forma esquemática las relaciones jerárquicas y competenciales de la organización.

Para realizar un organigrama iremos al comando de SmartArt y seleccionamos la categoría *Jerarquía*.

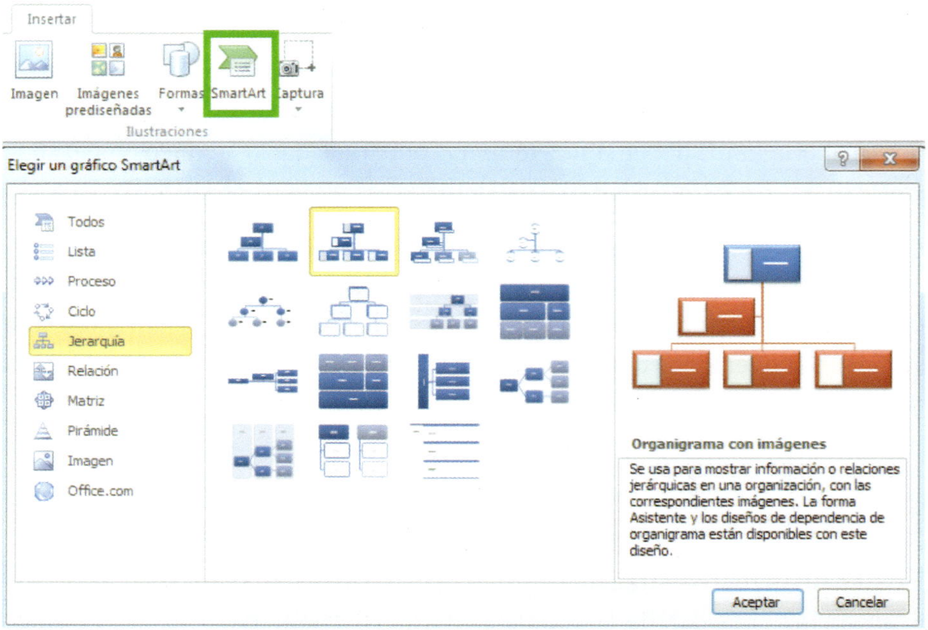

En esta sección tenemos disponibles 15 diseños, si bien solo los diseños de la fila superior admiten la incorporación de un staff técnico o asistente y los diseños de dependecia o diseños colgantes. Entre los diseños disponibles nos encontramos con organigramas de staff, jerárquicos, en forma de tabla, horizontales y de grupos o matriciales, teniendo además distintas opciones para agregar nombres, fotos, funciones...

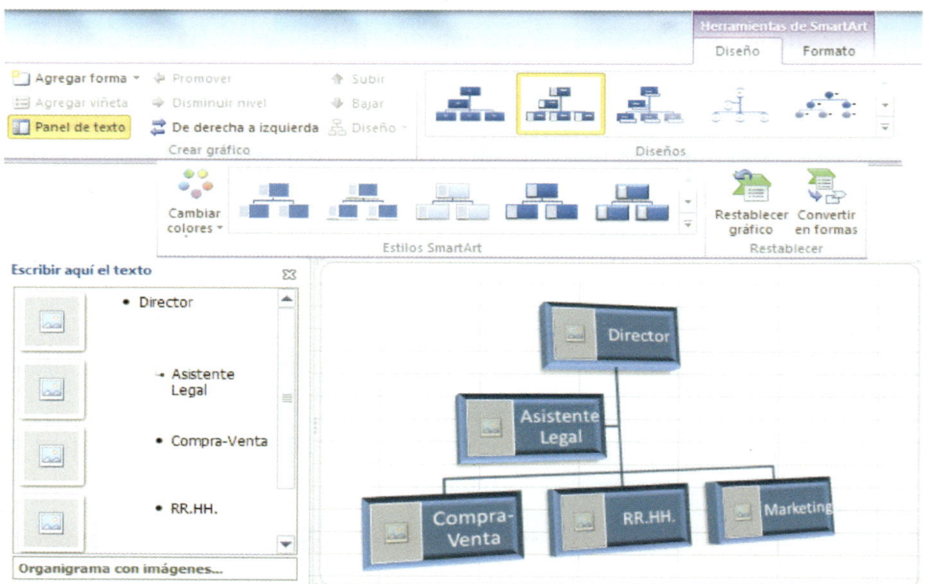

Una vez seleccionado uno, se nos presentarán las fichas contextuales *Herramientas de SmartArt* y, en la zona de trabajo, nuestro mapa con un panel a la izquierda, el *Panel de texto,* que nos ayudará a completarlo.

Utilizaremos el panel de texto para cambiar los marcadores de texto, "[Texto]", por el texto que deseamos; si nuestro mapa incluye espacio para imágenes, podemos hacer clic en el marcador de imagen del Panel de texto, de forma que se nos abrirá una ventana con el explorador de archivos.

En la ficha *Diseño* tenemos varias opciones. En el grupo *Crear gráfico* podemos mostrar u ocultar el Panel de texto. Además, si seleccionamos un cuadro del organigrama, nos podemos mover fácilmente entre todos los cuadros, con los comandos *Subir* y *Bajar*. También podemos mover el cuadro seleccionado a un nivel superior o a uno inferior, gracias a *Promover* y *Disminuir nivel.* También tenemos disponible la posibilidad de *Agregar forma*, comando que si desplegamos nos permite añadir una forma detrás o delante, es decir, a la derecha o a la izquierda, superior o debajo, es decir, en un nivel más alto o en uno más bajo, y asistente, es decir, un elemento de consulta. Podemos modificar la visualización del organigrama mediante *De derecha a izquierda*, cambiando los elementos del organigrama de la derecha a la izquierda y viceversa, como si se tratara de un espejo o una simetría. Por último, tenemos la alternativa de cambiar el *Diseño*, comando que si desplegamos nos mostrará varios diseños prediseñados.

En el siguiente grupo, *Diseños*, podemos cambiar el tipo de organigrama, incluso el tipo de SmartArt, si hacemos clic en *Más diseños*.

En el grupo *Estilos de SmartArt* podemos *Cambiar colores* del fondo de los cuadrados, y también podemos cambiar la apariencia general de los cuadros, mediante los estilos prediseñados que previsualizamos de forma esquemática en la *Cinta de opciones*, teniendo estilos planos y en 3D.

El último grupo, *Restablecer*, nos ofrece la alternativa de descartar todos los cambios de formato realizados y volver al gráfico original, mediante el comando *Restablecer gráfico*, y también podemos *Convertir en formas* un elemento gráfico SmartArt, para permitir que se pueda mover, eliminar o cambiar el tamaño con independencia del resto de elementos.

En la ficha *Formato* tenemos disponibles los comandos para modificar los estilos de la forma, para aplicar estilos de WordArt a los textos, y para organizar la posición relativa y modificar el tamaño del gráfico, todas ellas de operativa análoga a la vista en el apartado de gráficos. En comparación a la ficha equivalente para los gráficos, desaparece el grupo Selección actual y se incorpora el grupo *Formas*, a través del cual podemos cambiar la forma del dibujo manteniendo su formato, modificar su tamaño con los comandos Mayor y Menor y, si la forma está en 3D, podemos cambiar la vista a 2D para ajustar el tamaño y arrastrar formas dentro del SmartArt.

Por último, también podemos acceder al cuadro de diálogo *Formato de forma*, a través del menú contextual del botón secundario del ratón.

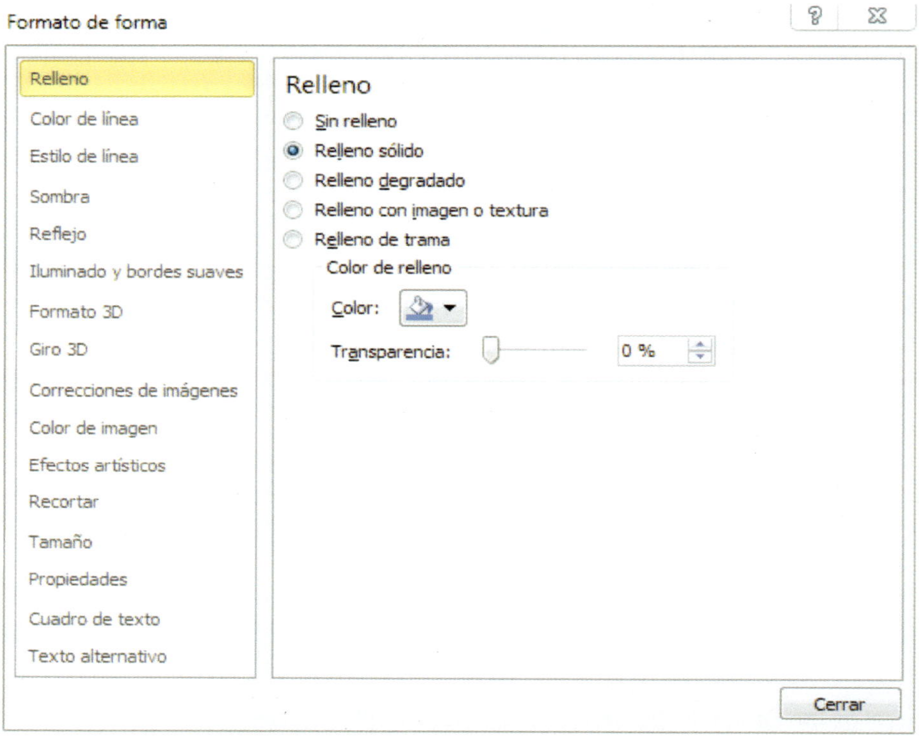

Este menú es similar a los menús de formato de los distintos elementos de un gráfico. En él se incluyen múltiples posibilidades de cambiar el formato, como por ejemplo el relleno, color y estilo de línea, la sombra y reflejo, los bordes suavizados o iluminados, el formato y giro 3D, los ajustes de nitidez, brillo y contraste, los ajustes de saturación y tono del color, los efectos artísticos, recortar la imagen indicando su posición, los ajustes de tamaño, giro y escala, las propiedades, los ajustes del cuadro de texto, así como la incorporación de textos alternativos para personas con problemas cognitivos o visuales.

2.4.2. Diagramas

Los diagramas, que son representaciones gráficas de ideas, en Microsoft Excel® 2010 se incorporan en los SmartArt. Vemos a continuación en menú de SmartArt.

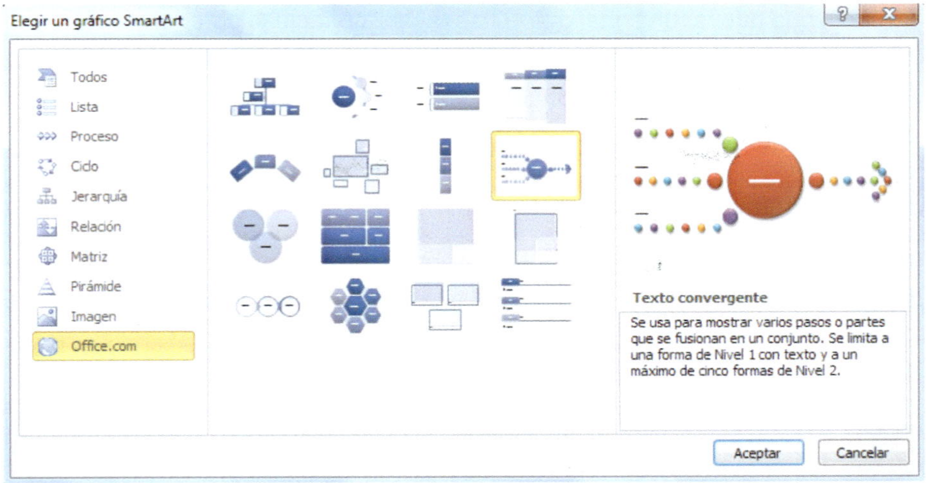

Se nos presentan nueve categorías de mapas o gráficos distintos: *Lista*, utilizados para elementos interrelacionados pero que, generalmente, no guardan una secuencia estricta; *Proceso*, pensados para mostrar una progresión o secuencia, por ejemplo un diagrama de flujo; *Ciclo*, diseñados para secuencias continuas de fases en un flujo circular; *Jerarquía*, ideados para representar estructuras jerárquicas; *Relación*, usado para mostrar ideas interrelacionadas, incluye muchos tipos, incluidos los gráficos de Venn; *Matriz*, muestra la relación de varias ideas con una central; *Pirámide*, ideado para representar relaciones proporcionales, interconectadas o jerárquicas; *Imagen*, categoría que muestra todos los SmartArt que incorporan un sitio para insertar imágenes; y *Office.com*, categoría que muestra gráficos distintos, proporcionados desde la web de Office.

Una vez seleccionado el SmarArt o mapa conceptual, al igual que sucedía con los gráficos, se nos mostrará un grupo de fichas contextuales en la *Cinta de opciones*, fichas desde las cuales podremos modificar fácilmente el diseño y el formato de la ilustración, incluso cambiar la forma elegida por otra. Estas fichas tienen una operativa análoga a la vista en el apartado de los organigramas.

2.5. Tablas

Una tabla es un conjunto de datos organizados en un rango de celdas, en la que cada columna es un campo y cada fila un registro, que se convierte en tabla de Excel, de forma que, al usar las características de tabla, podemos administrar los datos en las filas y columnas de la tabla de manera independiente de los datos de otras filas y columnas de la hoja. La versión de Microsoft Excel® de 2007 introdujo una nueva funcionalidad en las tablas, conocidas anteriormente como listas, permitiendo la realización de tareas comunes de una forma muy sencilla y suprimiendo errores de versiones anteriores.

2.5.1. Creación de una tabla. Diseño

Tenemos que tener en cuenta que la mecánica respecto de las tablas ha variado en la versión de 2007: antes teníamos que ir al menú de datos y elegir la opción Lista, teniendo después múltiples menús para modificar los bordes, el relleno, la estructura de la tabla, la introcución de datos...

En Microsoft Excel® 2010 la operativa es más sencilla. Para crear una tabla tenemos dos opciones: seleccionar el comando *Tabla*, presente en el grupo *Tablas* de la ficha *Insertar*, o bien *Dar formato como tabla*, comando disponible en la ficha *Inicio*, grupo *Estilos*. A continuación tenemos que seleccionar un rango de celdas, vacías o no, obteniendo como resultado el estilo de tabla predeterminado o el seleccionado, dependiendo del camino elegido para la creación.

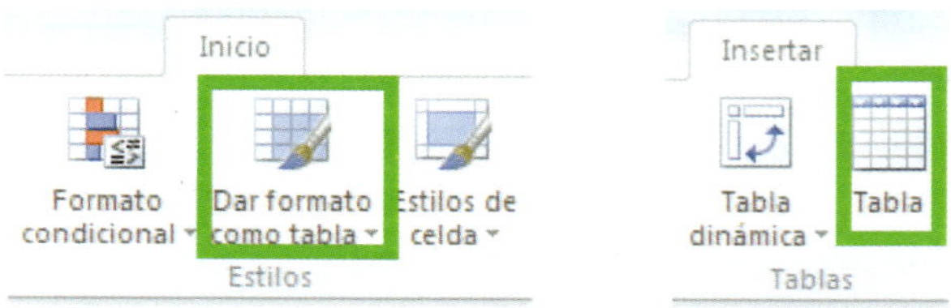

En la *Cinta de opciones* aparecerá el grupo contextual *Herramientas de tabla*, con la ficha *Diseño* (ver imagen en siguiente página). La primera fila de la tabla tendrá un formato distinto al resto de filas e incluirá una flecha en cada celda, flecha desplegable que corresponde a la posibilidad de aplicar filtros. Esto se debe a que la primera fila está destinada a los encabezados, a los nombres de cada campo o columna.

En el grupo *Propiedades* tenemos la posibilidad de cambiar el *Nombre de la tabla*, así como de *Cambiar tamaño de la tabla* mediante la selección de un nuevo rango. El tamaño de la tabla también lo podemos cambiar haciendo clic con el ratón en la esquina inferior derecha de la tabla (señalado con una flecha en la imagen) y, sin soltar, arrastrar hacia un lado, aumentando o disminuyendo las columnas, o en vertical, afectando así al número de filas.

En el grupo *Herramientas* podemos resumir los datos de la tabla actual en una tabla dinámica, eliminar las filas que están duplicadas, o eliminar el formato de tabla, convirtiéndola en un rango normal de celdas, que mantendrá los estilos aplicados pero no la operativa de las tablas. Si queremos eliminar la tabla, incluidos sus datos y formatos, tenemos que seleccionar la tabla (para ello po-

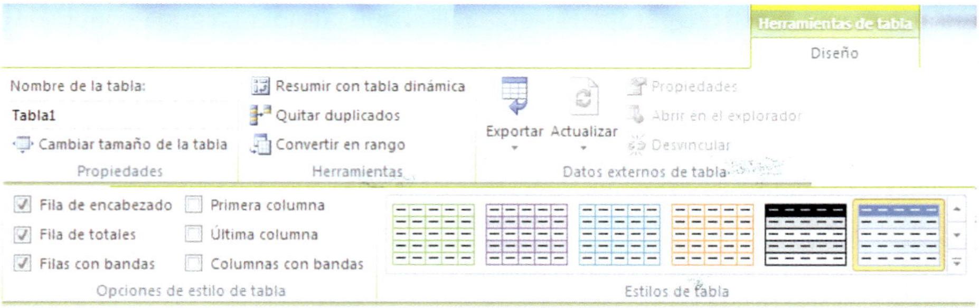

Alumno	Eval. 1ª	Eval. 2ª	Eval. 3ª	Media
Álvarez	7	8	6	7,00
Díaz	5	4	8	5,67
Fernández	9	3	9	7,00
López	9	10	10	9,67
Martínez	4	6	4	4,67
Miguélez	7	7	7	7,00
Orantes	5	8	10	7,67
Pérez	9	7	4	6,67
Quintero	6	8	7	7,00
Rodriguez	5	5	8	6,00
Vega	9	10	10	9,67
Total	**6,82**	**6,91**	**7,55**	**7,09**

demos seleccionar una celda y pulsar la combinación de teclas CTRL y E dos veces), y después pulsar la tecla SUPR.

En el grupo *Datos externos de tabla*, podemos exportar los datos de la tabla a una lista de SharePoint o a un diagrama de Visio. También tenemos la posibilidad de actualizar los datos, si estos provienen de una fuente de datos externa, para lo cual especificamos de qué manera se hará la actualización, a través del comando Propiedades, o abrimos en el explorador para ver la versión guardada en el servidor o bien podemos desvincular.

En *Opciones de estilo de tabla* tenemos que indicar si queremos activar o desactivar la fila de encabezados y la fila de totales, si queremos incorporar bandas en filas y/o columnas (de forma que las impares tienen un formato distinto a las pares), o si queremos un formato especial en la primera o en la última columna.

En el último grupo, *Estilos de tabla*, tenemos la vista preliminar de los distintos estilos que podemos aplicar a nuestra tabla.

Además de la ficha contextual, también tenemos un menú contextual con el botón secundario del ratón. Este menú es muy similar al de una celda normal, si bien nos muestra alguna opción específica de las tablas. Así tendremos la posibilidad de insertar o eliminar filas y columnas, de seleccionar los datos de la tabla, de una fila o columna; además podemos ordenar las filas según un criterio o aplicar filtros, para mostrar las filas que cumplan alguna condición; también en este menú está disponible la incorporación de la fila de totales y la posibilidad de convertir la tabla en en rango.

Por útlimo, comentar que en cualquier momento podemos ampliar el número de filas, añadiendo una al final, situándonos en la última celda de la última fila y pulsando la tecla TAB.

2.5.2. Creación de una tabla. Introducción de datos

Para introducir o modificar los datos en las tablas podemos actuar de dos maneras, bien escribiendo directamente o bien a través de formularios. Los formularios no se encuentran en la *Cinta de opciones*, así que deberíamos personalizar la Cinta y añadir este comando.

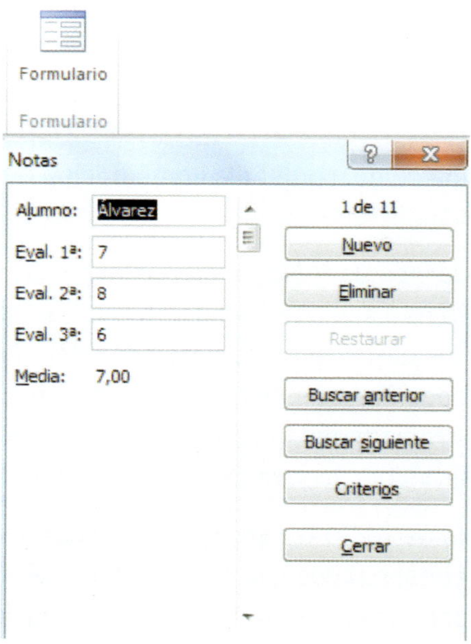

Al pulsar en *Formulario* nos aparece una ventana, en la que a la izquierda se nos muestran los registros de uno en uno y a la derecha tenemos disponibles los comandos para crear un registro, eliminarlo o buscar.

En la *Fila de totales*, seleccionándola y desplegando el menú de la flecha de la derecha, escogeremos el valor que queremos se muestre en cada celda entre las siguientes funciones: Promedio, Cuenta, Contar números, Máx., Mín., Suma, Desvet y Var, aunque también puede quedar sin valor, con la opción Ninguno, o bien utilizar más funciones.

Si en una celda de una columna especificamos una fórmula, podemos crear una columna calculada, es decir, que se aplique la fórmula de forma automática en el resto de la columna.

2.5.3. Creación de una tabla. Herramientas

Las herramientas que tenemos para trabajar con las tablas están disponibles en la ficha *Datos*.

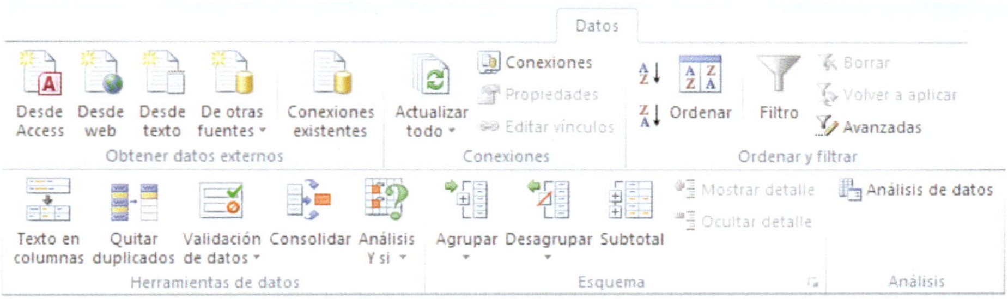

El primer grupo, *Obtener datos externos*, no estará disponible al seleccionar la tabla. El siguiente grupo, *Conexiones*, nos permite actualizar la información que proviene de un origen de datos, así como ver todas las conexiones de datos para el libro.

Para ordenar o mostrar algunas filas, además de la opción comentada en el menú contextual del botón secundario, tenemos disponible el comando *Ordenar y filtrar* en el grupo *Modificar* de la ficha *Inicio*, así como todo el grupo *Ordenar y filtrar* de la ficha *Datos*. Podemos ordenar alfabéticamente o al revés, aunque también se puede ordenar de forma personalizada, según los criterios que introduzcamos. Con la opción *Filtro* se mostrarán unos desplegables en las celdas del encabezado, a través de los cuales podemos aplicar distintos filtros; para aplicar un filtro debemos elegirlo tras desplegar el menú, en el que nos encontraremos, entre otras opciones, las de ordenar, filtrar números que cumplan alguna condición lógica, o bien seleccionar directamente las celdas ocultas o a mostrar. Otras opciones del grupo son las de borrar el filtro, volver a aplicar el filtro o especificar un filtro con criterios más complejos.

El siguiente grupo es el de *Herramientas de datos*. El comando *Texto en columnas* divide el contenido de una celda en varias columnas. *Quitar duplicados* elimina filas duplicadas, pudiendo especificar las columnas en las que se buscará la información duplicada. *Validación de datos* evita la entrada de datos no válidos en una celda, para lo cual tenemos que especificar los datos que vamos a permitir, eligiendo entre Cualquier valor, Número entero, Decimal, Lista,

Fecha, Hora, Longitud de texto y Personalizada; además podemos seleccionar un mensaje de entrada, que al situarnos en la celda nos informará a qué tipo de datos se corresponde, y un mensaje de error, además de posibilitar el marcaje de los errores con círculos. *Consolidar* combina valores de varios rangos en un rango nuevo. El *Análisis Y si* prueba varios valores para fórmulas de la hoja, presentando tres alternativas: el Administrador de escenarios permite crear y guardar diferentes grupos de valores y cambiar entre ellos; con Buscar objetivo buscaremos la entrada correcta, siendo conocido el resultado; y Tabla de datos nos permite visualizar los resultados de distintas entradas al mismo tiempo.

En el grupo *Esquema* tenemos herramientas para *Agrupar* y *Desagrupar* los rangos de celdas, pudiendo variar las celdas que visualizamos. Con *Mostrar detalle* y *Ocultar detalle* podemos expandir o contraer un grupo de celdas contraído. Con *Subtotal* obtenemos el total de varias filas de datos relacionados, mostrando el total y subtotal.

Por último, recordar que dentro de las funciones que vimos en el primer apartado se incluía una categoría que era Base de datos, teniendo unas cuantas funciones específicas para estas tablas de datos. En estas funciones había que indicar, hablando de forma esquematizada, tres argumentos, como son el rango de la lista, el nombre del campo sobre el que se aplica la función y el rango de criterios.

A modo de resumen, estas son las características de las tablas que podemos utlizar y modificar:

- Ordenar y filtrar datos.
- Aplicar formato a los datos de la tabla, mediante los estilos de tabla.
- Insertar y eliminar filas y columnas de la tabla, así como quitar filas que contengan datos duplicados.
- Usar una columna calculada.
- Mostrar y calcular totales de datos de una tabla.
- Usar referencias estructuradas, es decir, en lugar de usar referencias de celdas utilizar referencias que remitan a nombres de tabla.
- Garantizar la integridad de los datos, en tablas que no estén vinculadas a listas de SharePoint.
- Exportar a una lista de SharePoint, para que otras personas las puedan ver, modificar y actualizar.

2.5.4. Introducción a la tabla dinámica

Una tabla dinámica consiste en el resumen de un conjunto de datos, atendiendo a varios criterios de agrupación, representado como una tabla de doble entrada que nos facilita la interpretación de dichos datos. Se le llama dinámica porque permite ir obteniendo diferentes totales, filtrando datos, cambiando la presentación de los datos, visualizando o no los datos origen... Esta tabla permite crear informes sin reescribir fórmulas, si no que lo que se plantea es una reordenación dinámica; consiste, básicamente, en coger los datos que nos interesan de una tabla de datos y construir una nueva tabla de doble entrada, por lo que la tabla dinámica se compone de sus filas, columnas y los correspondientes valores para cada par de fila–columna.

2.5.5. Creación de una tabla dinámica

Para crear la tabla dinámica debemos seleccionar una celda de la tabla que examinaremos para obtener los datos de nuestra nueva tabla. A continuación seguimos la ruta *Insertar – Tablas – Tabla dinámica*, obteniendo un cuadro de diálogo que nos solicita el rango de la tabla (por defecto aparecerá el rango de la tabla que contiene la celda seleccionada) y la ubicación de la nueva tabla dinámica. Aparecerá un icono de la tabla y, en la parte derecha de la hoja, la *Lista de campos para agregar al informe*, donde en su parte superior están presentes los campos de la tabla original, mientras que en la parte inferior está la zona donde se arrastrarán los campos, para formar las etiquetas de columna, etiquetas de fila, valor o filtro. También nos aparecerá el grupo contextual de fichas *Herramientas de tabla dinámica*, con las fichas *Opciones* y *Diseño*.

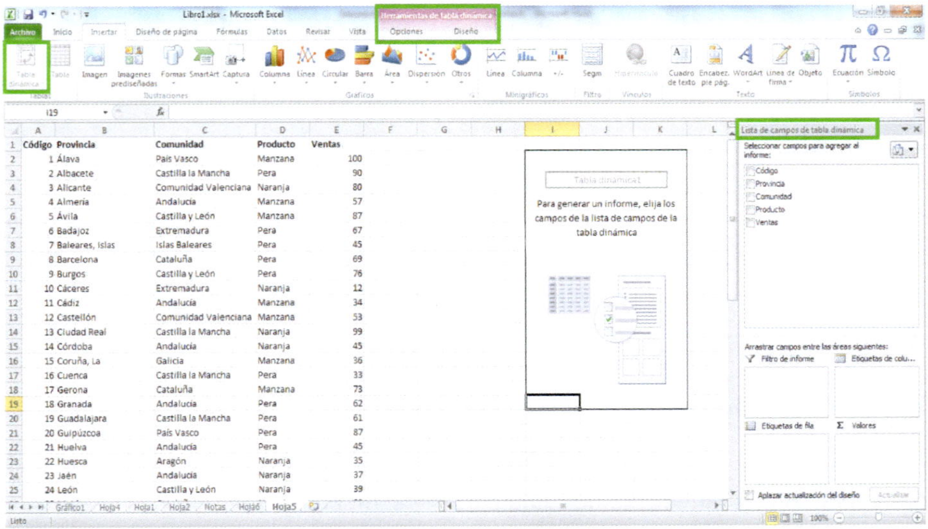

Para rellenar la Lista de campos tan solo tenemos que seleccionar en la parte superior los campos que deseamos tratar y en la parte inferior, si el programa no los coloca en el lugar adecuado, reordenar el campo arrastrándolo al cuadrante deseado. De manera predeterminada Microsoft Excel® aplicará la función SUMA a los valores. Los cuatro cuadrantes inferiores, a partir de los cuales cobrará vida la tabla dinámica, son: *Filtro de informe*, los campos de esta área crearán filtros para la tabla dinámica a través de los cuales se puede restringir la información visualizada (son filtros adicionales a los que se pueden hacer entre las columnas y filas especificadas); *Etiquetas de columna*, contiene los campos que se mostrarán como columnas de la tabla dinámica; *Etiquetas de fila*, aquí estarán los campos que determinan las filas de la tabla dinámica; *Valores*, son los campos que se colocarán como las celdas de la tabla dinámica, y para los que se calculará el total por columna y fila.

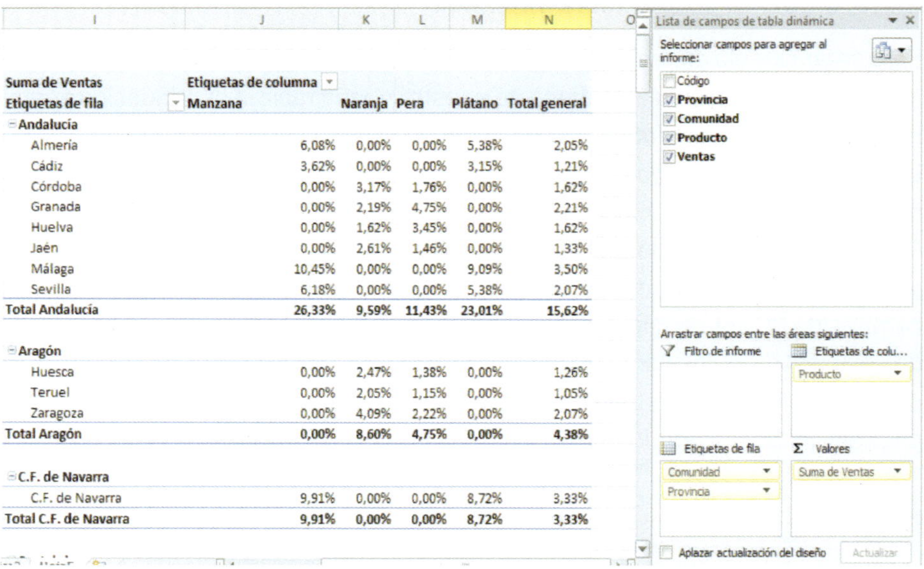

Suma de Ventas	Etiquetas de columna				
Etiquetas de fila	Manzana	Naranja	Pera	Plátano	Total general
Andalucía					
Almería	6,08%	0,00%	0,00%	5,38%	2,05%
Cádiz	3,62%	0,00%	0,00%	3,15%	1,21%
Córdoba	0,00%	3,17%	1,76%	0,00%	1,62%
Granada	0,00%	2,19%	4,75%	0,00%	2,21%
Huelva	0,00%	1,62%	3,45%	0,00%	1,62%
Jaén	0,00%	2,61%	1,46%	0,00%	1,33%
Málaga	10,45%	0,00%	0,00%	9,09%	3,50%
Sevilla	6,18%	0,00%	0,00%	5,38%	2,07%
Total Andalucía	26,33%	9,59%	11,43%	23,01%	15,62%
Aragón					
Huesca	0,00%	2,47%	1,38%	0,00%	1,26%
Teruel	0,00%	2,05%	1,15%	0,00%	1,05%
Zaragoza	0,00%	4,09%	2,22%	0,00%	2,07%
Total Aragón	0,00%	8,60%	4,75%	0,00%	4,38%
C.F. de Navarra					
C.F. de Navarra	9,91%	0,00%	0,00%	8,72%	3,33%
Total C.F. de Navarra	9,91%	0,00%	0,00%	8,72%	3,33%

Si desplegamos el menú de la flecha en cada campo situado en la parte inferior, tendremos la posibilidad de moverlo a otro cuadrante, eliminarlo o configurarlo. En la configuración podemos cambiar el nombre, elegir cómo se resumen los valores (por suma, promedio...), cómo se mostrarán los valores (sin ningún cálculo, como porcentajes...) y el formato de número.

2.5.6. Modificación de tablas dinámicas

Al seleccionar cualquier celda de la tabla dinámica nos aparecen en la *Cinta de opciones* las Herramientas de tabla dinámica: Diseño y Opciones.

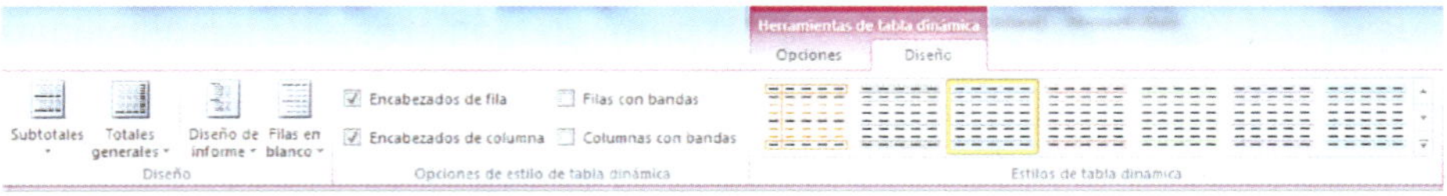

En la ficha de *Diseño* podemos escoger entre los distintos estilos de tabla que previsualizamos. También decidiremos si mostramos o no los encabezados de fila y columna con un formato especial y si ponemos bandas en las filas y/o columnas, para mejorar la visualización. En esta ficha también decidimos si mostramos los subtotales, encima o debajo de cada grupo, y los totales, para filas y/o columnas, podemos variar el aspecto del informe, mostrándolo de una forma más o menos compacta, e incorporar una línea en blanco que separe los grupos.

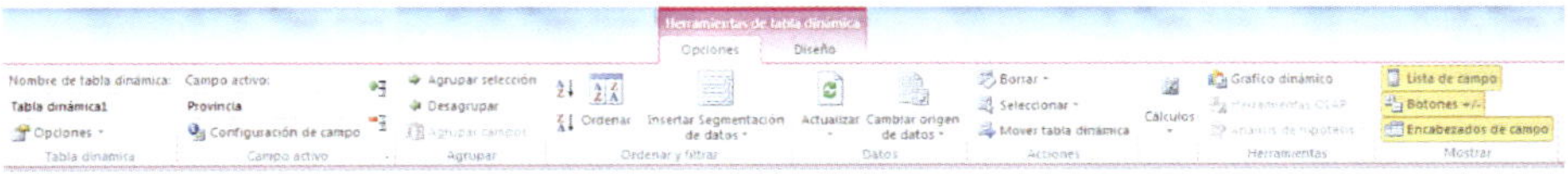

De la ficha *Opciones* veremos alguna herramienta interesante. En el grupo *Campo activo* tenemos acceso al comando *Configuración de campo*, que ya hemos comentado al hablar de la *Lista de campos de tabla dinámica*. Si seleccionamos varios elementos los podemos Agrupar, y, si están agrupados, Desagrupar, creando grupos que posibilitan la visualización de los subtotales comentados en la anterior ficha. También tenemos la posibilidad de Ordenar los datos, según distintos criterios. *Insertar segmentación* nos presentará una ventana para seleccionar el o los campos por los que queremos aplicar un filtrado, de forma que después aparece una ventana con el campo seleccionado y sus valores, facilitando el filtrado, de manera interactiva; para eliminar la segmentación podemos acudir al menú contextual del botón secundario del ratón y seleccionar la opción de quitar. En el grupo *Datos* tenemos las opciones de modificar el origen de los datos y de actualizar los datos. El grupo *Acciones* posee tres herramientas: *Seleccionar* nos sirve para seleccionar un elemento o bien toda la tabla; *Mover tabla dinámica* nos permite situar la tabla en otra hoja, nueva o existente; con *Borrar* podemos quitar campos, formatos y filtros; sin embargo, si queremos eliminar toda la tabla, tenemos que seleccionarla y pulsar la tecla SUPR. En el grupo *Herramientas* está el comando *Gráfico dinámico* (también presente en la ficha *Insertar*, desplegando el comando *Tabla dinámica*, si bien con esta opción tenemos que seleccionar el rango de datos).

Con *Gráfico dinámico* creamos un gráfico (seleccionando el tipo) que se ajusta automáticamente al aplicar cualquier filtro sobre la tabla dinámica, hecho que sucede con los gráficos normales, pero además presenta la posibilidad de aplicar los filtros sobre el mismo gráfico, ya que dentro del mismo aparecen los botones de filtrado, que si desplegamos nos mostrarán el menú de ordenar y filtrar.

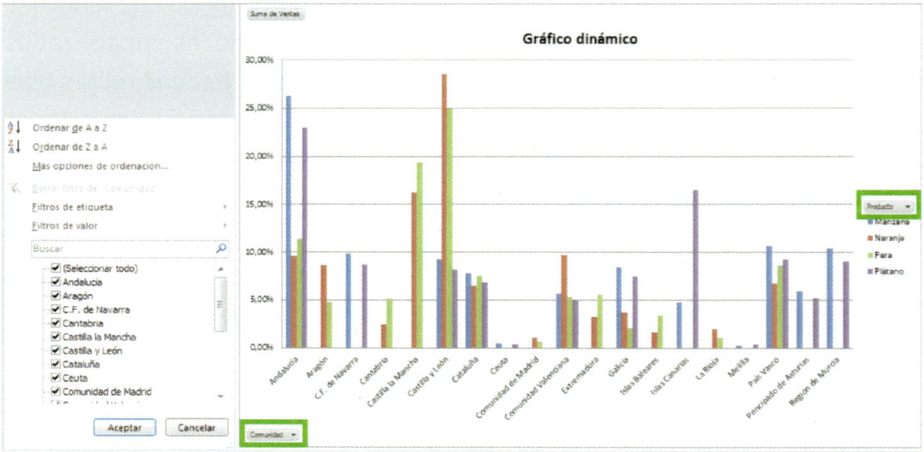

2.6. Procedimientos de integración de representaciones gráficas en documentos

Cuando pegamos contenido, por ejemplo con la combinación de teclas CTRL y V, no podemos modificarlo desde el programa original. Es decir, si pegamos un elemento de Microsoft Excel® en Microsoft Word®, las modificaciones que hacemos sobre el contenido se harán en Microsoft Word®. Para poder hacer cambios en el programa original tenemos que insertar el elemento, para lo cual iremos a Insertar – Objeto, pudiendo usar el método OLE; también podemos utilizar el método OLE a través del comando *Pegado especial*, eligiendo después *Pegar* si queremos incrustar o *Pegar vínculo* si queremos vincular.

La automatización OLE (Object Linking and Embedding) nos permite la integración de objetos entre varios programas. La inserción puede ser de dos tipos: vinculación o incrustación. La principal diferencia entre uno y otro método es cómo se actualizan, tras la colocación del elemento de Excel en el documento, y dónde se almacenan los datos.

En el caso de objetos vinculados, la información se puede actualizar si se modifica el archivo de origen. Los datos se almacenan en el archivo de origen, mientras que en el documento solo se almacena la ubicación del archivo de origen y se muestra una representación de los datos vinculados. La vinculación es útil cuando queremos mantener un tamaño de archivo pequeño y para incluir información cuyo mantenimiento se realice independientemente del documento.

En el caso de objetos incrustados la información del documento no cambia si se modifica el archivo de origen. Además, el objeto incrustado se convierte en parte del documento y, una vez insertados, ya no forman parte del archivo de origen. La incrustación es útil cuando no deseamos que la información refleje los cambios del archivo de origen ni que los usuarios del documento se preocupen por actualizar la información.

Si vinculamos tenemos que tener accesibles los dos documentos para poder ver la información, mientras que si incrustamos solo es necesario tener disponible los dos archivos para actualizar la información, pero no para visualizarla. Por ello, si queremos distribuir el documento en línea es más adecuada la incrustación que la vinculación.

2.7. Impresión de gráficos

Lo primero que tenemos que tener en cuenta a la hora de imprimir un gráfico es tener claro qué es lo que queremos imprimir, para así tener decidido de antemano el lugar de la página en que se va imprimir, si vamos a imprimir o no los datos y con qué calidad realizaremos la impresión.

Para imprimir un gráfico, la primera acción a realizar es seleccionar el mismo. Para ver la ubicación del gráfico en la página, seleccionamos la vista *Diseño de página* o *Vista previa de salto de página*, de forma que si arrastramos y movemos el gráfico y/o cambiamos su tamaño, podemos hacernos una idea de cómo quedará impreso en la página.

Podemos preparar la página con el cuadro de diálogo *Configurar página*, que obtenemos al desplegar el grupo de mismo nombre presente en la ficha *Diseño de página*. Este cuadro ya lo hemos visto en el apartado 1.8.1. Configuración de la impresora. Hay que tener en cuenta que existen diferencias con la impresión de datos: una es que en la pestaña Márgenes no podemos centrar en la página ni horizontal ni verticalmente; otra es que la pestaña Hoja se convierte en la pestaña Gráfico, donde tendremos que verificar si queremos calidad de borrador o normal y si queremos imprimir en blanco y negro, o bien dejamos la configuración por defecto de la impresora.

Respecto del control de la impresión, además de lo comentado en el apartado 1.8.2. Control de impresión y procedimientos de impresión de hojas de trabajo, fórmulas, gráficos y archivos, podemos añadir que al ir a la ficha *Archivo* y después *Imprimir*, habiendo seleccionado el gráfico previamente, en el área de configuración solo aparecerá disponible la opción *Imprimir el gráfico seleccionado*, estando deshabilitadas las opciones de imprimir todo el libro o la selección.

2.8. Inter-operaciones entre aplicaciones

Microsoft Excel® es un programa que proporciona una gran interoperabilidad con otras aplicaciones. Las inter-operaciones hacen referencia a que en una aplicación podemos hacer uso de las funcionalidades de Microsoft Excel®.

Microsoft Word®

Ya hemos visto en el apartado 2.6. Procedimientos de integración de representaciones gráficas en documentos cómo se pueden incorporar representaciones gráficas en Microsoft Word®, si bien el mecanismo es válido también para incorporar datos, una hoja de cálculo o un libro entero. Además, desde Microsoft Word® podemos crear hojas de Excel: Insertar – Tabla – Hoja de cálculo de Excel. Otra inter-operación es poder utilizar los datos de Microsoft Excel® con la función de combinación de correspondencia de Microsoft Word®, para administrar cartas modelo.

Documentos de texto

Otros documentos con los que hay relación son los de texto. Es posible importar datos de un documento de texto, bien abriendo el documento en Microsoft Excel® o bien importando los datos (Datos – Obtener datos externos – Desde texto). Asímismo se pueden exportar los datos de nuestra hoja de cálculo a un documento de texto (Guardar como). Para que sean posibles estas operaciones los documentos de texto deben tener la extensión .txt, archivos de texto delimitado, que normalmente contienen datos separados por tabulaciones, o la extensión .csv, archivo de texto de valores separados por coma.

Los archivos de texto .csv se abrirán directamente en Microsoft Excel®, mientras que los .txt abrirán un asistente: en el primer paso tenemos que seleccionar el tipo de archivo, bien de datos delimitados o de ancho fijo; en el segundo paso, para datos delimitados permitirá establecer los separadores (tabulación, punto y coma, coma, espacio u otro), viendo cómo varían nuestros campos en una vista previa, mientras que para datos de ancho fijo estableceremos el ancho de los campos o columnas; en el tercer paso seleccionamos cada columna y establecemos el formato de los datos. Si en lugar de abrir el documento hacemos una importación de datos, tendremos el mismo asistente, solo que, al finalizar, el programa nos preguntará dónde ubicar los datos y, en esa ventana, tendremos disponible un botón de propiedades que nos permitirá definir opciones de actualización, formato y diseño de los datos importados; de esta segunda manera se crea una conexión, de la que podremos modificar sus propiedades en Datos – Conexiones.

Web

En ocasiones puede ser de utilidad importar datos desde una página web, para evitar así su escritura. Para ello vamos a Datos – Obtener datos externos – Desde web, obteniendo el diálogo *Nueva consulta web*. Indicamos la dirección url y pulsamos en *Ir*. En el diálogo se mostrará la página, por la que podemos navegar hasta encontrar la tabla de datos que reconoce la hoja de cálculo, que estará señalizada con un cuadradito amarillo con una flecha negra en su interior, y que nos interesa importar; a continuación hacemos clic en la flecha, de forma que se convierte en un tic (si queremos podemos marcar más de una tabla); pulsamos *Importar* y nos saldrá el diálogo *Importar datos*, donde indicaremos el lugar donde colocaremos los datos.

Microsoft Access®

Hoja de cálculo y Base de datos son dos programas que permiten el intercambio de datos. Esto nos permite disponer las distintas funcionalidades de los dos programas disponibles para usarlos con los mismos datos, de forma que podemos coger una base de datos y trabajar con esos datos en Microsoft Excel®, teniendo así la ventaja de su análisis de datos y de su representación gráfica, o bien trabajar con Microsoft Access® para aprovechar sus características de administración de datos, seguridad o multiusuario.

Para tener los datos de una hoja de cálculo en una base de datos podemos copiarlos de la hoja y pegarlos en una tabla de la base, o bien podemos importar una hoja en una tabla de la base de datos, o bien crear un vínculo con una hoja de cálculo desde una tabla de base de datos.

Para tener los datos de una base de datos en una hoja de cálculo podemos copiarlos de una tabla de la base de datos y pegarlos en una hoja, importar o conectarnos con una base de datos desde una hoja de cálculo, o bien exportar datos de una base de datos a una hoja de cálculo.

Test de autoevaluación

2.1. Con *Representación gráfica* nos referimos a:

a. La realización de gráficos.

b. La realización de mapas y diagramas.

c. Las dos son correctas.

2.2. La *Facilidad para leer o percibir una representación* viene determinada por su:

a. Legibilidad.

b. Vistosidad.

c. Representatividad.

2.3. Los *Gráficos XY,* que comparan pares de valores, son gráficos del tipo:

a. Columnas.

b. Dispersión.

c. Circular.

2.4. Los SmartArt permiten realizar de forma sencilla representaciones gráficas como:

a. Organigramas.

b. Diagramas.

c. Las dos son correctas.

2.5. El conjunto de datos organizados por campos y registros en un conjunto de celdas es:

a. Un rango.

b. Una tabla.

c. Las dos son correctas.

2.6. A la hora de insertar un objeto OLE, podemos vincular o insertar el objeto:

a. Para vincular necesitamos los dos archivos, siendo el tamaño menor.

b. Para incrustar necesitamos solo el archivo final, siendo de mayor tamaño.

c. Las dos son correctas.

2.7. Para ver la ubicación de un gráfico en la página es recomendable utilizar la vista:

a. Vista Diseño de página.

b. Vista previa de salto de página.

c. Las dos son correctas.

2.8. Además de con el paquete Office, Microsoft Excel ® tiene relación con:

a. Documentos de texto.

b. Páginas Web.

c. Las dos son correctas.

Actividades de ampliación

2.1. Con los resultados de la actividad 1.1, representa gráficamente las calificaciones finales.

2.2. Convierte la actividad 1.2 en una tabla dinámica, observando en un gráfico dinámico los dos escenarios de precios planteados.

2.3. Realiza un organigrama con la siguiente información:

a. La empresa se organiza de forma jerárquica.

b. Los directores de RR.HH., Producción y Contabilidad responden ante la Dirección General.

c. El departamento de Contabilidad se divide en el Económico y el Financiero.

d. Producción, a su vez, en Aprovisionamientos, Fase I, Fase II y Marketing.

e. RR.HH. tiene un coordinador y dos trabajadores.

f. Económico tiene un coordinador y un trabajador.

g. Financiero tiene un coordinador y dos trabajadores.

h. Aprovisionamientos se divide en Compras, con dos trabajadores, y Almacén, con un coordinador y tres trabajadores.

i. En cada Fase, I y II, hay dos coordinadores, con responsabilidad sobre 15 y 25 trabajadores cada uno.

j. Marketing se divide en Norte, Sur y Centro. En cada delegación hay un coordinador con 5 trabajadores.

2.4. Acude a la página del INE, http://www.ine.es/daco/daco42/nombyapel/nombyapel.htm, en la sección de nombres y apellidos.

a. Descarga la frecuencia de tu nombre y dos apellidos, en formato csv. Después abre el archivo csv en Microsoft Excel ® y convierte los datos en una tabla dinámica. Redefine la tabla, reconociendo su estructura, ordenando y filtrando la información.

b. Coge los datos directamente de la tabla de la página, sin utilizar el enlace de descarga, es decir, desde Microsoft Excel ®, utilizando la ruta Datos – Obtener datos externos – Desde web.